萃古熙今·文房古玩 7

閱　是　編

浙江人民美術出版社

圖書在版編目（ＣＩＰ）數據

萃古熙今·文房古玩 7 / 閱是編. —— 杭州 ：浙
江人民美術出版社，2017.9
ISBN 978-7-5340-6203-2

Ⅰ．①萃　Ⅱ．①閱　Ⅲ．①文化用品－中國－古代
－圖録 Ⅳ．①K875.42

中國版本圖書館CIP數據核字(2017)第238460號

萃古熙今·文房古玩 7
閱　是 編

責任編輯　楊　晶
文字編輯　傅笛揚　羅仕通
裝幀設計　陸豐川
責任印製　陳柏榮

出版發行　浙江人民美術出版社
　　　　　（杭州市體育場路 347 號）
網　　址　http://mss.zjcb.com
經　　銷　全國各地新華書店
製　　版　杭州富春電子印務有限公司
印　　刷　杭州富春電子印務有限公司
版　　次　2017 年 9 月第 1 版·第 1 次印刷
開　　本　889mm×1194mm 1/16
印　　張　11
書　　號　ISBN 978-7-5340-6203-2
定　　價　375.00 圓

（如發現印刷裝訂質量問題，影響閱讀，請與出版社發行部聯繫調換。）

前　言

　　"美成在久"，語出《莊子·人間世》。但凡美好之物，都需經日月流光打磨，才能日臻至善。一蹴而就者，哪能經得起歲月的考驗？真正的美善，一定是"用時間來打磨時間的產物"——卓越的藝術品即如此，有社會責任感的藝術拍賣亦如此。

　　西泠印社的文脈已延綿百年，西泠拍賣自成立至今，始終以學術指導拍賣，從藝術的廣度與深度出發，守護傳統，傳承文明，創新門類。每一年，我們秉持著"誠信、創新、堅持"的宗旨，徵集海內外的藝術精品，通過各地的免費鑒定與巡展、預展拍賣、公益講堂等形式，倡導"藝術融入生活"的理念，使更多人參與到藝術收藏拍賣中來。

　　回望藝術發展的長河，如果沒有那些大藏家、藝術商的梳理和遞藏，現在我們就很難去研究當時的藝術脈絡，很難去探尋當時的社會文化風貌。今時今日，我們所做的藝術拍賣，不僅著眼于藝術市場與藝術研究的聯動，更多是對文化與藝術的傳播和普及。

　　進入大眾的視野，提升其文化修養與生活品味，藝術所承載的傳統與文明才能真正達到"美成在久"——我們出版整套西泠印社拍賣會圖錄的想法正源於此。上千件躍然紙上的藝術品，涵括了中國書畫、名人手跡、古籍善本、篆刻印石、歷代名硯、文房古玩、庭院石雕、紫砂藝術、中國歷代錢幣、油畫雕塑、漫畫插圖、陳年名酒、當代玉雕等各個藝術門類，蘊含了民族的優秀傳統與文化，雅致且具有靈魂，有時間細細品味，與它們對話，會給人以超越時空的智慧。

　　現在，就讓我們隨著墨香沁人的書頁，開啟一場博物藝文之旅。

目 錄
CONTENTS

1050

清・王文心舊藏粉青釉法螺

說明：法螺，為藏傳佛教"吉祥八寶"之一，為密宗必備之法器、供器。佛經上講佛陀講經說法時聲音嘹亮，
猶如大海螺的聲音響徹四方，佛陀入滅後，後世遂以海螺之音代表佛陀的法音召喚，故稱之為法螺。
此海螺，瓷質，通體施粉青釉，色澤瑩潤，清新可人。乾隆十四年各作成活計清檔曾製作一系列
形似的海螺。底承七個支燒釘。原配紅木底座。

QING DYNASTY　A CELADON-GLAZED CONCH

Provenance: Previously collected by Wang Wenxin.

帶座高：9cm　高：5.5cm

RMB: 10,000－20,000

來源：王文心舊藏，抄家退還。

藏者簡介：王文心 (1888-1974)，號保授，湖北荊門人，早歲留學法國，後居上海。一生收藏甚富，以明
清兩代為主。與康有為、葉恭綽、吳湖帆、張大千遊。"蒙泉書屋"為其齋名。

1051

明 · 王文心舊藏素玉環硯屏

說明：硯屏上部為玉璧屏心，古玉光素無紋，其材質古樸溫潤，紋理斑駁，古氣盎然。下部為紅木底座，
　　　整體造型典雅，頗具賞玩之趣。

MING DYNASTY　　A JADE-INLAID TABLE SCREEN

Provenance: Previously collected by Wang Wenxin.

高：17cm　　長：12cm　　寬：3.8cm

RMB: 10,000－20,000

來源：王文心舊藏，抄家退還。

藏者簡介：王文心 (1888-1974)，號保授，湖北荊門人，早歲留學法國，後居上海。一生收藏甚富，以明
　　　　清兩代為主。與康有為、葉恭綽、吳湖帆、張大千遊。"蒙泉書屋"為其齋名。

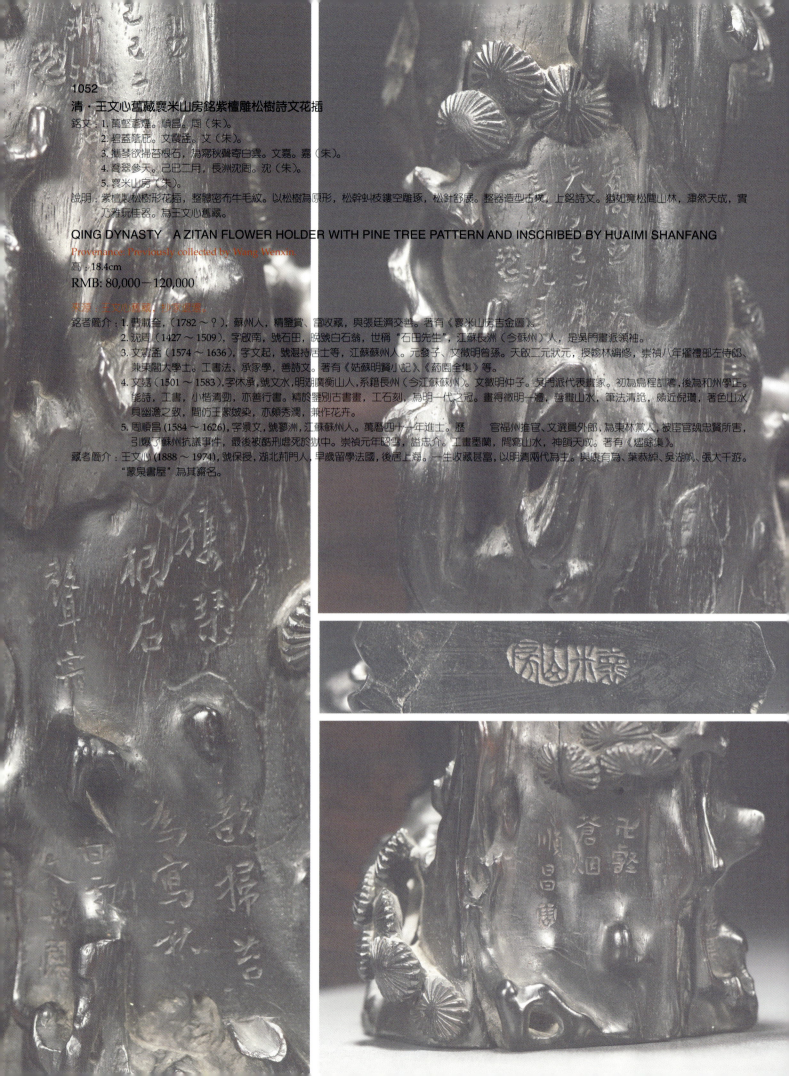

1052

清·王文心舊藏襄米山房銘紫檀雕松樹詩文花插

銘文：1. 萬壑蒼煙。順昌。周（朱）。
2. 碧蘿蔓庇。文襄益。文（朱）。
3. 攜琴欲掃苔根石，為寫秋聲寄白雲。文嘉。嘉（朱）。
4. 喬翠參天，己巳二月，長洲沈周。沈（朱）。
5. 襄米山房（朱）。

說明：紫檀製松樹形花插，整體密布牛毛紋。以松樹為原形，松幹虯枝鏤空雕琢，松針舒展。整器造型古樸，上銘詩文。猶如覽松間山林，渾然天成，實乃雅玩佳器。為王文心舊藏。

QING DYNASTY   A ZITAN FLOWER HOLDER WITH PINE TREE PATTERN AND INSCRIBED BY HUAIMI SHANFANG

Provenance: Previously collected by Wang Wenxin

高：18.4cm
RMB: 80,000－120,000

來源：王文心舊藏，蒙泉書屋。

銘者簡介：1. 曹載奎，（1782～？），蘇州人，精鑒賞、富收藏，與張廷濟交善。著有《襄米山房吉金圖》。
2. 沈周（1427～1509），字啟南，號石田，晚號白石翁，世稱"石田先生"，江蘇長洲（今蘇州）人，是吳門畫派領袖。
3. 文書孟（1574～1636），字文起，號湛持居士等，江蘇蘇州人。元發子、文徵明曾孫。天啟二元狀元，授翰林編修，崇禎八年擢禮部左侍郎、兼東閣大學士。工書法，承家學，善詩文。著有《姑蘇明賢小記》、《菊圃全集》等。
4. 文嘉（1501～1583），字休承，號文水，明湖廣衡山人，系籍長州（今江蘇蘇州）。文徵明仲子。吳門派代表畫家。初為烏程訓導，後為和州學正。能詩，工書，小楷清勁，亦善行書。精於鑒別古書畫，工石刻，為明一代之冠。畫得徵明一體，善畫山水，筆法清脆，頗近倪瓚，著色山水具幽澹之致，間仿王蒙皴染，亦頗秀潤，兼作花卉。
5. 周順昌（1584～1626），字景文，號蓼洲，江蘇蘇州人。萬曆四十一年進士。歷　　官福州推官、文選員外郎，為東林黨人，被閹官魏忠賢所害，引爆了蘇州抗議事件，最後被酷刑虐死於獄中。崇禎元年昭雪，諡忠介。工畫墨蘭，間寫山水，神韻天成。著有《燼餘集》。

藏者簡介：王文心（1888～1974），號保授，湖北荊門人，早歲留學法國，後居上海。一生收藏甚豐，以明清兩代為主。與康有為、葉恭綽、吳湖帆、張大千游。"蒙泉書屋"為其齋名。

1053

近代·唐雲銘竹刻蔬果河蟹圖臂擱

銘文：此餘偶爾信筆之作，為鯉庭仁弟索去。大石記。

說明：鯉庭即陸鯉庭，浙江鄞縣人。工書畫，為高振霄、趙叔孺、鄧散木弟子，亦精篆刻。

MODERN TIMES   A BAMBOO WRISTREST WITH VEGETABLE, FRUIT AND CRAB PATTERN AND INSCRIBED BY TANG YUN

長：24.3cm　寬：7.3cm

RMB: 10,000－20,000

銘者簡介：唐雲（1910～1993），字俠塵，別號東原、藥塵、藥城、藥翁、老藥、玄丁、大石、大石居士、大石翁，浙江杭州人。曾任中國美協理事、上海中國畫院院長、名譽院長，西泠印社理事。為海上花鳥畫"四大名旦"之一。

唐雲

1054

近代·唐雲畫符驥良刻端石水洗

銘文：大石畫，白果刻

說明：此件水洗圓形，通體素淨，以簡潔的造型和材質取勝。原配紅木盒，盒蓋刻畫并題銘。

QING DYNASTY   A DUAN STONE BRUSH WASHER AND A MAHOGANY CASE PAINTED BY
TANG YUN AND ENGRAVED BY FU JILIANG

高：3cm   直徑：12.5cm

RMB: 30,000－50,000

銘者簡介：1. 符驥良（1923～2011），號雪之、白果、銑之，齋名語石樓、白果廠、梵怡堂等。國家級非物質文化遺產
　　　　　　 項目印泥製作技藝（上海魯庵印泥）唯一代表性傳承人。著有《篆刻器用常識》、《雪之印存》、《驥良印存》，
　　　　　　 編校及鈐拓《趙之謙印譜》等。

　　　　　 2. 唐雲，字俠塵，別號東原、藥塵、藥城、藥翁、老藥、玄丁、大石、大石居士、大石翁，浙江杭州人。曾
　　　　　　 任中國美協理事、上海中國畫院院長、名譽院長，西泠印社理事。為海上花鳥畫"四大名旦"之一。

唐雲　　　　　　　　符驥良

1055
清・彤山款檀香木雕獅鈕對章一對
印文：1 蘆中人 2 中豐重印
邊款：1 彤山 2 彤山
說明：此對獸鈕章雕刻傳神，獅子飽滿俊逸，
　　　鬃與尾相連穿足而過刻畫巧妙生動。印
　　　款盡顯閒情異趣，為雕者把玩之樂。

QING DYNASTY A PAIR OF
SANDALWOOD 'LION' SEALS WITH
'TONG SHAN' MARK
1. 高：4cm　　長：2.5cm　　寬：2.3cm
2. 高：4.2cm　　長：2.5cm　　寬：2.4cm
數量：2
RMB: 10,000－20,000

1056
清早期・銅獅鈕閒章
印文：守正
說明：印材方正，圓雕獅鈕，怒目圓睜，呈回
　　　首俯臥狀，形態逼真，刻畫細膩。器物
　　　雖小，卻古樸典雅，氣勢磅礴。

EARLY QING DYNASTY AN
ENTERTAINING BRONZE 'LION'
SEAL
高：5cm　　長：4cm　　寬：2.5cm
RMB: 10,000－20,000

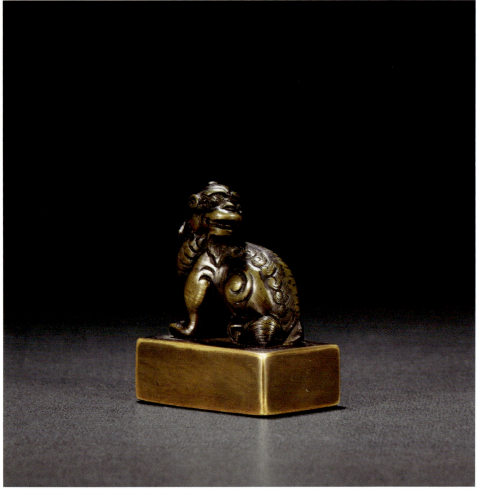

1057
民國 · 虬角印泥盒

REPUBLIC OF CHINA   A WALRUS
TOOTH INKPAD BOX

高：2.7cm　直徑：6.6cm
RMB: 10,000－20,000

1058
清 · 剔紅攜琴訪友印泥盒

說明：配日本老盒。

QING DYNASTY   A CINNABAR
LACQUER INKPAD CASE WITH
FIGURE PATTERN AND A CASE

高：3.4cm　直徑：7.6cm
RMB: 10,000－20,000

1059

清·湘妃竹茶則

說明：主色金黃，其上有指紋狀褐色花紋，斑斑點點，如詩如畫。所謂："湘妃竹"即"斑竹"，亦稱"淚竹"，竿部生深色斑點。這種竹子生長在湖南九嶷山中。陳鼎《竹譜》稱"瀟湘竹"、"淚痕竹"。

QING DYNASTY A 'XIANGFEI' BAMBOO TEA HOLDER

長：14.5cm
RMB: 10,000－20,000

1060

民國·潘行庸銘貼黃陰刻山水詩文四方筆筒

銘文：1. 十日狂風桃李休，常因酒盡覺春愁。泰山為蘗釀滄海，料得人間無白頭。丙子四月上浣，味弇。

2. 簇簇深紅間淺紅，苦才多思是春風。千村萬落知相照，盡日徑行錦綉中。植稼仁兄清玩，弟云衢敬贈。

REPUBLIC OF CHINA A BAMBOO-ENVELOPED BRUSHPOT WITH LANDSCAPE PATTERN INSCRIBED BY PAN XINGYONG

高：13.7cm 長：7.2cm 寬7.2cm
RMB: 10,000－20,000

銘者簡介：潘行庸（1888～1961），原名刻，字味弇，別号拙叟，嘉定人。自幼從时丈秀斋竹刻店主时湘华为师，专事浮雕和浅雕。所镂山水、花鸟、仕女，尽行师法。凡画谱、画册、诸家字体，均能模仿逼真。他的作品深受時人的赞誉与喜爱。

1061

清・沈國淇刻竹雕詩文臂擱

銘文：紅豆生南國，春來發幾枝，願君多採擷，
　　　此物最相思。小石。小石（朱）。

說明：臂擱刻詩文，手感輕盈，頗具雅趣，為
　　　清新雅致的文房小品。

QING DYNASTY A BAMBOO
WRISTREST WITH INSCRIPTION
AND 'SHEN GUOQI' MARK

長：18.2cm　寬：5.3cm
RMB: 10,000－20,000

作者簡介：沈國淇，字小石。號鐵隱。秀水（今
　　　　　浙江嘉興市）人。精刻印。尤擅刻竹。

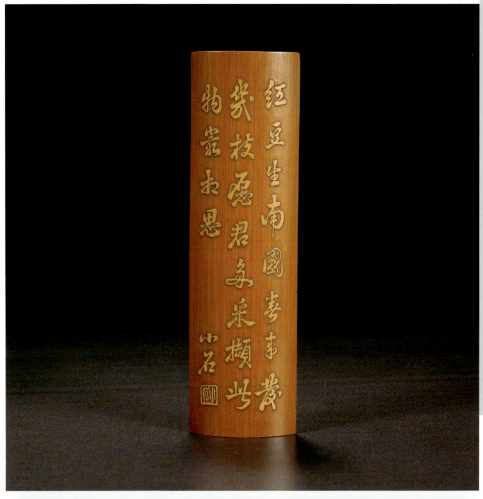

1062

明・沉香粉製西廂記筆筒

款識：□□□□

說明：沉香為非常名貴之香料，以沉香粉製筆
　　　筒，刻西廂記之題材，使得此件筆筒風
　　　趣雅緻。因年代久遠，筆筒底部款識已
　　　模糊不辨。

MING DYNASTY AN EAGLEWOOD
POWDER BRUSHPOT WITH FIGURE
PATTERN

高：10.8cm　口徑：7.7cm
RMB: 8,000－15,000

1063

竹雲齋製斜紋竹編提梁果籃

款識：竹雲齋造之

說明：果籃唇口微敞，籃身以斜紋編法為主，
　　　籃底麻葉編。麻葉編是田邊家擅長的編
　　　法。

**A BRAIDED BAMBOO FRUIT BASKET
MADE BY ZHU YUN ZHAI**

高：16cm　　口徑：33cm

RMB: 10,000－20,000

作者簡介：竹雲齋代有才人出，是關西系中最
　　　　　重要的竹工藝家族之一。二代竹雲
　　　　　齋於 1937 年襲名竹雲齋，以鏤空編
　　　　　法最具代表性。他認為竹的美麗之
　　　　　處在於鏤空，因此以六角孔編、鐵
　　　　　線蓮編和麻葉編為中心，製作了許
　　　　　多鏤空編法的作品。另一方面，他
　　　　　喜歡用鳳尾竹，有不少鳳尾竹的自
　　　　　由編法作品。

1064

清·黃楊木嵌癭木鼓形小几

**QING DYNASTY　A BURL-INLAID
BOXWOOD 'DRUM' STAND**

高：26.6cm　　直徑：19cm

RMB: 10,000－20,000

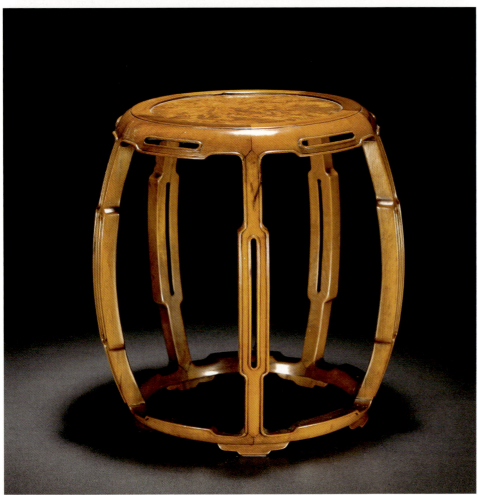

1065

明天啓·懶齋銘銅梅花紋花觚

銘文：天啓元年，懶齋監製。

說明：銅花觚仿商周青銅禮器造型，且有明一代審美，一改青銅禮器之莊嚴，偏向文氣秀雅，器形古雅而雋逸，喇叭口，口沿向下漸收，腰節凸起，近底漸外撇，淺圈足。器身分三部分，頸部與足部採用二層花裝飾法，均以錦紋為地，陽雕一株折枝寒梅，梅花枝幹虬勁，枝葉延展至口，枝頭梅花朵朵，或傲雪怒放，或含苞靜待，清雅宜人。腰節弦線似青銅花觚中出戟，內書'天啓元年，懶齋監製'篆書款。梅花自古以來為傳統的吉祥裝飾紋樣，象徵高風亮節的文人情操，而能以"懶齋"為號者，與梅花題材極為相融，明代大儒方孝孺《懶齋記》中言，故巧者之奔走，不如拙者之自守；誇者之馳驟，不如靜者之悠久。

是一件極為考究的仿古融新的文人佳作。

TIANQI PERIOD, MING DYNASTY A BRONZE FLOWER HOLDER WITH PRUNUS PATTERN INSCRIBED BY LAN ZHAI

高：18.5cm

RMB: 80,000－120,000

銘者簡介：通門（1599～1671），字牧雲，號樗叟，又號懶齋，明末清初浙江嘉興古南院僧。俗姓張，常熟（今屬江蘇省）人。能詩善文，詩風清新瀟灑，意韻悠遠。有《懶齋集》。

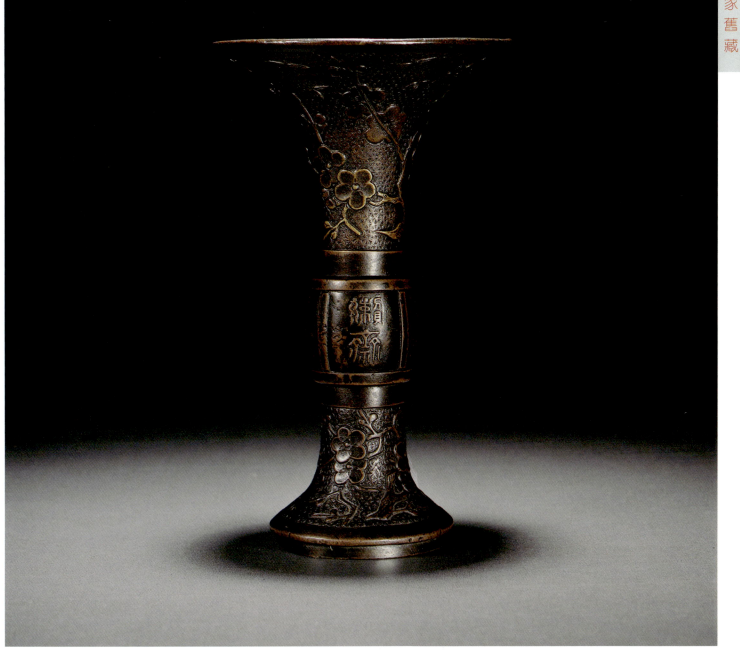

1066

清·奇木隨形根瘤畫斗

說明：自明朝中晚期，經濟上富庶的文人士大夫追求精神上的灑脫閑適，身邊案頭之物成爲文人精神的
寄托。畫斗是除筆、墨、紙、硯以外另一重要的文房用具，因其使用方便，很快就風靡天下。加
之文人尊崇自然之風，根瘤畫斗深受文人墨客的喜愛。

此件畫斗尺寸巨大，實屬罕見，且造型古樸美觀，自然成趣。取天然之材，略施雕琢，外壁癭結累累，
因長期置于書房，盛放畫卷，體表裏有濃郁的包漿，透出經年久玩的書齋氣息，反映了文人崇尚
古樸隨形之美的品味。

QING DYNASTY　A 'BURL' SCHOLARLY OBJECT

高：25.5cm　直徑：32cm

RMB: 30,000－50,000

1067

清·奇木隨形花几

說明：花几的出現大約在五代以後，自宋元時期其製作數量開始增多，清中期漸趨流行細高造型的几架。奇木隨形花几尤其符合文人古樸典雅的審美，保留樹根或樹枝自然形態，依形而造，順勢而為，化腐朽為神奇，簡單中帶有韻味，恰如此件奇木隨形花几，造型別致簡單，樹根盤錯交叉即成形，看似不能承物，但將花器置于其上，能完美的找到力的平衡，非文思巧匠所不能達，為文人書齋不可多得之精品。

QING DYNASTY A WOOD STAND

高：73cm 長：30cm
寬：19.5cm
RMB: 10,000—20,000

1068

宋·藏六藏青銅龍鈕蕉葉紋豆

說明：此青銅豆器形敦厚，器身不類商周青銅豆之精細，表現出古拙之美。腹身圈足四出戟，
　　　腹壁裝飾火焰紋，圈足裝飾獸目紋及蕉葉紋，其內皆填以雲雷紋。此豆有蓋，狀如簷帽，
　　　上有四足攀爬身軀扭轉之螭龍，龍頭為典型的宋代造型。原配老錦套及老木盒，盒蓋內
　　　墨書記為藏六所藏。

SONG DYNASTY　A BRONZE VESSEL WITH PLANTAIN LEAF PATTERN, *DOU*

高：22.5cm　口徑：18.5cm

RMB: 30,000－50,000

藏者簡介：秦藏六，是日本以青銅器的創作著名的金屬工藝品師。江戶的文久一年(1861～1864)
　　　　　初代，在有名的龍文堂門下學習了鑄造器物的技術之後獨立。進入明治時期，曾親
　　　　　自鑄造天皇御璽。自此代代相傳以"藏六"為名，繼承傳統的鑄造器物技術，至今
　　　　　仍被推崇為日本金屬工藝的第一人。

1069

宋 - 明 · 青銅鳳紋出戟提梁壺

說明：以先秦青銅器為原型的擬古器始見於宋代，宋朝內廷根據內府所藏商周青銅禮樂器進行仿造，政
　　　和年間，徽宗命良工製作了大量擬古銅器，明王朝建立後，宣德三年工部曾命人仿照宋人《考古
　　　圖》、《博古圖》諸書所記商周青銅器器型，鑄造仿古銅器，加之仿造內府所藏名窯的銅器，當時
　　　所鑄仿古銅器達三千三百餘件。這些擬古銅器，除部分歸宮廷留用外，還奉敕分與諸王府，才得
　　　以流傳至各地。原配日本盒。

SONG DYNASTY–MING DYNASTY　A BRONZE TEAPOT WITH PHOENIX
PATTERN AND HANDLES

高：36.4cm　　口徑：10.4cm

RMB: 50,000－80,000

1070

宋·青銅鋪首門環一對

SONG DYNASTY　A PAIR OF BRONZE KNOCKERS

高：18cm　數量：2

RMB: 30,000－50,000

1071
宋・青銅祖癸犧尊

銘文：豕乍（作）且（祖）癸。

說明：此件犧尊造型古樸可愛，為宋代仿商周時期造型，頗有石鼓山出土的鹿尊之神韻。犧尊通體布捲
雲紋，頸部飾回紋項圈，背部設有連體尊。由於失蠟法的傳承與流行，後期的銅器澆築基本都沿
用此法，因此商周時期所崇尚的合范基本消失，這件犧尊亦沒有明顯的范線，而其皮殼的鏽蝕雖
不似商周絢麗，但古着質感更添肅穆，具宋代金石之氣。

SONG DYNASTY   A BRONZE VESSEL, *ZUN*

高：20.5cm

RMB: 30,000－50,000

宋·青銅鎏金螭龍耳筒式爐

1072

宋·青銅鎏金螭龍耳筒式爐

款識：宝鼎

說明：筒式爐為香爐一種，其形端正厚重。此爐微斂口，直腹，下呈三獸足。器身刻繪商周時期流行的
青銅紋飾如獸面紋、回文等，仿古之意甚為明顯。最靈巧處是兩耳皆作螭龍狀，二龍作攀爬狀，
生動靈巧。原配紅木蓋、座及玉獸鈕。

SONG DYNASTY   A GILT-BRONZE CENSER WITH 'CHI' HANDLES

帶座高：13.6cm   高：10.6cm

RMB: 120,000－180,000

1073

明 · 青銅獸面紋簋

說明：明代晚期，是北宋以來金石熱的第二高峰，文人士大夫喜愛收藏，並製仿古青銅，以為陳設之用。
此件仿西周青銅簋，龍首耳，下有耳垂。頸部一周獸面紋帶，居中浮雕龍首。圈足亦裝飾獸面紋帶，
輔以雲雷紋地紋。皮殼灰黑，別有韻味。

MING DYNASTY   A BRONZE VESSEL WITH BEAST PATTERN, *GUI*

高：12.8cm   口徑：18cm

RMB: 20,000—30,000

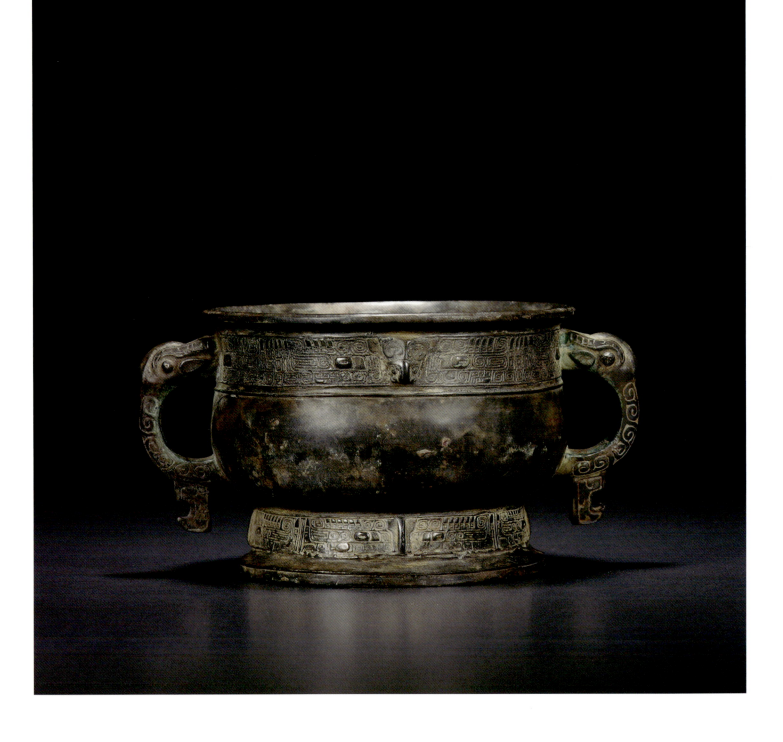

1074

宋·明·藏六藏青銅壺

銘文：電父戊。

說明：青銅器是中國商周時期的標誌，因其製作精良，後世多有仿者。日本文化崇尚中土，因此多有仿古之青銅
　　　器。此青銅壺，撇口束頸，鼓腹，獸首銜環耳，圈足。頸部為三角紋，腹部繪三層羽狀紋，底部光素。整
　　　器端莊大氣，意蘊厚重。原配日本老盒及硬木座。

SONG DYNASTY-MING DYNASTY　　A BRONZE POT, WITH A CASE AND STAND

帶座高：33.5cm　　高：31.5cm

RMB: 30,000—50,000

藏者簡介：秦藏六，是日本以青銅器的創作著名的金屬工藝品師。江戶的文久一年 (1861～1864) 初代，在有名
　　　　的龍文堂門下學習了鑄造器物的技術之後獨立。進入明治時期，曾親自鑄造天皇御璽。自此代代相傳
　　　　以 "藏六" 為名，繼承傳統的鑄造器物技術，至今仍被推崇為日本金屬工藝的第一人。

1075

宋·青銅獸面紋三足鬲鼎

說明：此鬲鼎為宋代仿青銅器之貴物。宋代由於宮庭皇室的提倡，仿古青銅器紛紛出現，著名的有"宣
　　　和仿古銅器"等，均為宋仿器中的精華。此鬲鼎造型極為規整，仿自商代晚期的青銅鬲鼎，在青
　　　銅材質、形制、紋飾以及合范的鑄線等方面都沿用古法，蔚為精妙。原配老盒。

SONG DYNASTY　　A TRIPOD BRONZE VESSEL WITH BEAST PATTERN, *DING*

高：11cm

RMB: 20,000－30,000

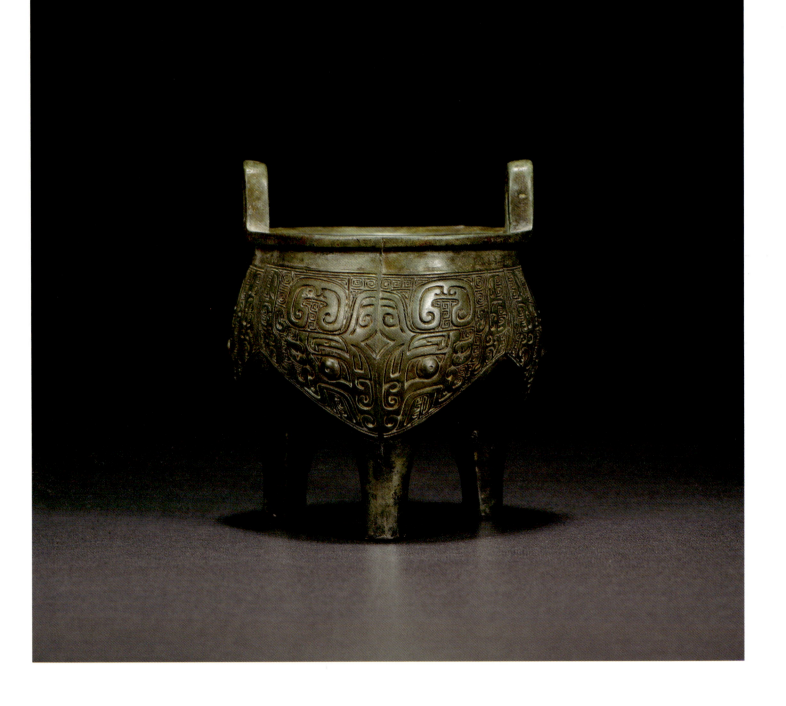

1076

宋・銅犧首火紋方罍

說明：罍為盛酒器，金文中自名為罍，器型見於商代晚期。罍存世量不多，流行至春秋中期，分圓形和方形兩大類。此件銅犧首方罍為平面長方，直頸，肩部圓鼓，腹部高深，向下收斂。頸肩交匯處有兩條弦紋，肩腹結合處有三條弦紋，紋飾集中肩部一周。兩寬面居中裝飾外卷角犧首，兩側對稱有火紋；兩窄面有牛角犧首環耳，左右亦對稱火紋。寬面近腹部下方，有單獨一牛角犧首環耳。拍品為宋代模仿商末周初罍的標準形式而製，屬宋代摹古器之精品。配紅木底座及日本木盒。

SONG DYNASTY AN ARCHAISTIC BRONZE JAR, *LEI*

帶座高：38.5cm　高：36cm

RMB: 50,000－80,000

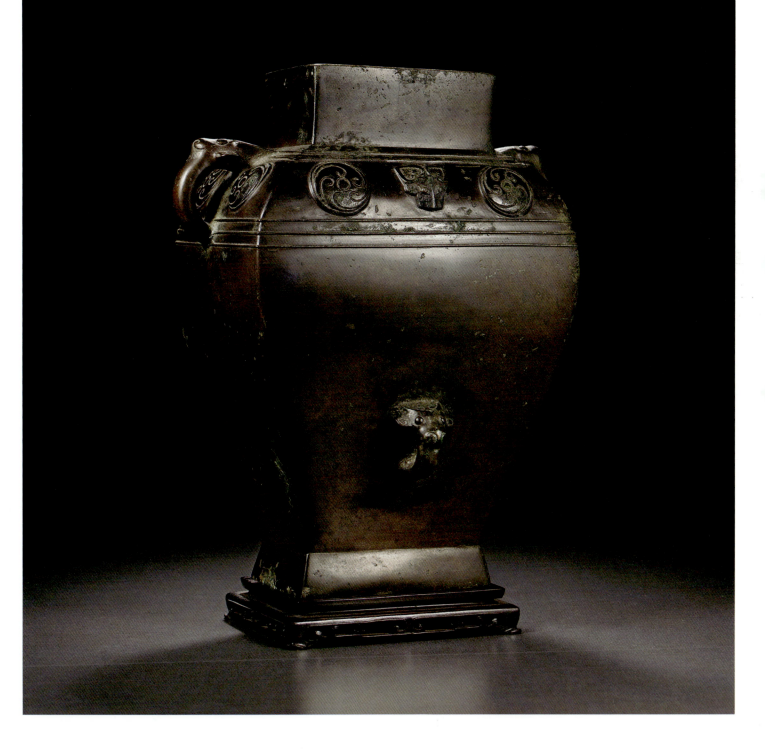

宋·銅錯金銀獸面紋簋式爐

1078
清早期·大明宣德年製款銅鎏金龍紋壽字鼎式爐

款識：大明宣德年製。

說明：沖耳鼎式方形爐，皮殼棗紅，立耳，束頸處壽字間隔雲紋，而腹部四龍騰雲，獸足外撇，足底露黃銅銅胎。底為"大明宣德年製"鑄款。整器器形少見，不屬于傳統器型，紋飾繁縟奢華，工藝刀法精湛，鎏金考究，華麗富貴之氣油然而生。清早期有類似宣德爐，於爐體鑄有"壽"字款或"萬壽無疆"款。

高：16cm　寬：11.5cm　長：13.3cm　重：2320g

RMB：280,000—450,000

MING DYNASTY　A BRONZE CENSER WITH DRAGON AND 'SHOU' CHARACTER AND 'XUANDE' MARK

參閱：清康熙萬壽無疆缽式爐

雅韻天成

——明·"晼若家藏"款朝天耳三足爐前敘

　　古董收藏過程中，當某一個門類的第一件藏品是一件精品，往往會產生啟蒙的作用，對往後的收藏生涯，影響深遠巨大。

　　二十世紀八十年代一位台灣收藏家與幾位好友共同創立了滬尾文物學會，銅器成為他收藏的重要組成部分。1987 年的某日，台北中華文物學會的古董展覽會上，一件"晼若家藏"款朝天耳三足爐吸引了滬尾文物學會會員的目光。當時市面上的銅爐價格一般在一兩仟元，而這只爐在當時的價格已經達到了 1.5 萬元。這位收藏家為之愛不釋手，當機立斷重金買下。這件"晼若家藏"款朝天耳三足爐無論在器型、皮色及銅質上都甚為完美。器型上，明末的銅爐獨有一種"雅韻"，清初尚存，清中以後消失。爐之沖耳明代多秀雅，腹垂且肥潤，清中以後耳漸肥碩，尤以清晚，耳愈加臃腫起來。皮色上，明末之爐呈臘茶熟栗，實蘊藏經，寶光溢彩，赤色密潤，為混合精煉銅，柔綿如絨，細密膩實。銅質上，正如冒襄之語："如處子嬰兒之肌膚，必得十二煉，方可鑄出此等高器也"。精煉的合金黃銅，使銅的密度大增，其銅色亮而溫潤，寶光內蘊從內而外。款識上，此爐採用刻款，字體工整不板，流暢而不失法度。"晼若"不知何許人也，但在明末充斥著濃郁文人氣息的時代，捨棄不用制式宣德款的銅爐，特別定製私款銅爐，絕非區區小吏科研。綜上所述，這是毋庸置疑的私藏款銅爐精品。

　　之後這位收藏家又陸續收藏各類宣德爐，如天雞鼓釘琴爐和馬槽琴爐。琴爐是修身養性之物，禮樂琴瑟間燃香助興，使之成為文人雅士不可或缺的文化意象。而收藏家所藏之天雞爐與馬槽爐，雖小巧卻比供佛之爐在形制和做工上更為內斂和沈靜，特別是在對於線條的把握上，楞線與弧線挺立飽滿，置於案頭，點一縷清香，與音律相伴，致雅純淨。

　　除了宣德爐以外，收藏家所藏將仿鼎式扁足爐在清代鼎盛製銅技藝與商周華美的青銅形制；阿拉伯文香盒在正德崇尚的異域風情以及石叟款嵌銀絲筆筒精巧工藝融匯貫通。

　　正如這位收藏家在其收藏生涯中所秉承的信念一樣：銅器是一種很奇妙的東西，它是會粘人的，它是會讓人打從心裡喜歡的傢伙，沒有擁有的人是不會明白其中的奧妙的，它靜靜的，低調的站在那裡，沒有特別惹眼。可是，當你拿起它的剎那間，你就會被它震動心靈。從此你就會對它另眼相看，看久了你就會看懂了它的內在。

1079

明 · 畹若家藏款銅沖耳爐

款識：畹若家藏。

說明：銅爐作為香火承載之器，誕生六百餘年來，上至帝王，下至文人，一直為世人推崇備至。此爐為沖耳爐，十七世紀所鑄，扁寬，雙耳窈窕，耳孔扁圓，口沿外翻，腔底稍厚，腹圓垂，足精巧，無處不工，斯爐堪為代表。沖耳之爐，清早以前，耳多秀雅，腹垂且肥潤，清中往後，耳漸肥碩，尤以清晚，耳便臃腫起來。叩之此爐，音妙奇妙，如磬清澈。內腔處理亦精細滑潤。皮色呈臘茶，實蘊藏經，寶光溢彩，赤色密潤，為混合精煉銅也，柔綿如絨，細密膩實，真如冒襄之話 "如處子嬰兒之肌膚，必得十二煉，方可鑄出此等高器也"。底留 "畹若家藏" 私家款，刻工有力，款識規正，立體感強，為私家款之精品。

MING DYNASTY　A BRONZE CENSER WITH 'WANRUO JIACANG' MARK

Provenance: Private Taiwan collection

高：7.9cm　口徑：11.9cm　重：1290g

RMB: 380,000－600,000

來源：台灣藏家舊藏。

1080

清·銅鎏金出戟扁足鼎式爐

說明：鼎式爐為模仿商周青銅鼎式形制，"鼎"為青銅禮器中的大類，屬於青銅器時期的傳國重器，
　　　是國家和權力的象徵，即可謂"鼎之輕重，未可問也"。此件鼎式爐局部鎏金，圓口，淺腹，
　　　外壁出戟，口沿飾以沖天耳，腹部以雲雷紋為地，裝飾夔龍紋，紋飾對稱規整。下承三扁
　　　足踡曲，足端外撇，足內亦飾龍紋。整體造型盡顯青銅之高貴，為銅爐作品中上乘佳作。

QING DYNASTY　A 'DING'-STYLE GILT-BRONZE CENSER

Provenance: Private Taiwan collection

高：13.4cm　　重：697g

RMB: 80,000－100,000

來源：台灣藏家舊藏。
參閱：台北故宮博物院藏商代晚期析子孫父乙扁足鼎。

1081

明·大明宣德年製款銅天雞耳鼓式琴爐

款識：大明宣德年製

說明：此件天雞琴爐，呈藏經紙色，小巧精緻，上下各帶一圈鼓釘，鼓釘大小統一，其腹微鼓，而獸足敦實，
　　　古代製作工藝上，獸足與鼓腹在比例要求較為嚴苛，這只天雞爐的鼓腹與獸足的最外延處於一直線，
　　　從而在視覺上表現出內斂與靜美。底款為"大明宣德年製"六字楷書款。

MING DYNASTY　A BRONZE CENSER WITH 'XUANDE' MARK

Provenance: Private Taiwan collection

高：3.7cm　直徑：7.3cm　重：197.7g

RMB: 10,000－20,000

來源：台灣藏家舊藏。

1082

清・珍玩款銅馬槽爐

款識：珍玩

說明：爐身長方形，兩側有豎耳，下承直角形四足。爐底有 "珍玩" 二字篆書款。此爐造型規整，棱角分明，為清代銅爐較為流行的樣式。

QING DYNASTY A BRONZE 'MANGER' CENSER WITH 'ZHEN WAN' MARK

Provenance: Private Taiwan collection

高：5.7cm 重：740.7g

RMB: 30,000－50,000

來源：台灣藏家舊藏。

1083

明・銅阿拉伯文弦紋香盒

說明：阿拉伯文香炉于明朝多用于皇室內府，賞賜功臣或御賜于清真寺內等殿堂陳設，
以正德年間所製為極佳。此阿文香爐子母口扣合，弦紋飾身。蓋面中央開光，
減地珍珠錦紋為地，其上呈阿拉伯文。開光周圍飾以珍珠地花紋。香盒胎體厚實，
造型大氣，實為明朝阿文香具中的典型佳品。

MING DYNASTY   A BRONZE INCENSE CASE WITH ARABIC
INSCRIPTION

Provenance: Private Taiwan collection

高：5.6cm　直徑：10.2cm

RMB: 30,000－50,000

來源：台灣藏家舊藏。

1084
明·石叟製銅嵌銀絲福壽紋筆筒

款識：石叟

說明：銅器鑲嵌金銀工藝在戰國時期就已出現，至明末，石叟成為嵌銀絲器工藝的集大成者。此筆筒精銅而製，豎直腹，器身以嵌銀絲工藝裝飾福壽紋，近口沿與底足處嵌一圈如意紋。底部嵌銀絲篆書款"石叟"。

MING DYNASTY A SILVER-INLAID BRONZE BRUSHPOT WITH AUSPICIOUS PATTERN MADE BY SHI SOU

Provenance: Private Taiwan collection

高：10cm　口徑：8cm

RMB: 20,000－30,000

來源：台灣藏家舊藏。

作者簡介：石叟是明晚期最為著名的冶煉專家和藝術雕塑大師。他繼承了傳統的鑄銅工藝，熟練掌握銅嵌銀絲工藝，使銅器製作藝術煥發光彩。文史書上記載"石叟落款多用篆隸字體"。石叟運用他在紫銅上寫字功力，將"石叟"用篆體寫好落款，而後挑槽用銀絲鑲嵌而成。《蘿窗小牘》記載："石叟，……善製嵌銀銅器，所作多文人幾案間物，精雅絕倫。"石叟無傳藝後人，故其作品珍貴稀少。

1085
清·銅鎏金纏枝牡丹紋香盒

說明：香盒造型小巧，平面橢圓，盒身以刀鏨刻花卉草葉。鏨刻精細，將牡丹生動曼妙姿態表現的淋漓盡致。整件通體鎏金，極為富貴華麗。

QING DYNASTY A GILT-BRONZE INCENSE CASE WITH PEONY PATTERN

高：2.7cm　口徑：6.6cm

RMB: 20,000－30,000

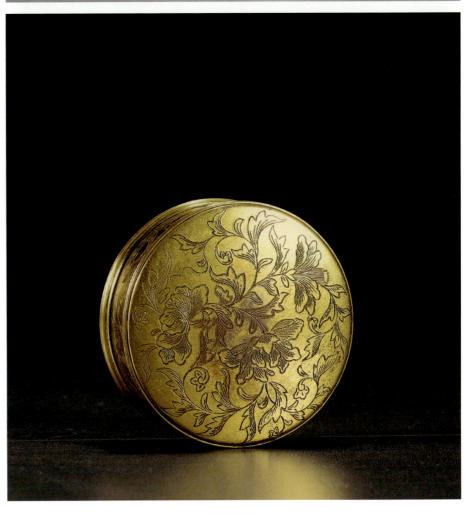

1086

清早期 · 銅阿拉伯文雙耳香瓶

說明：據《明實錄》統計，從洪武至成化的百年間，自西方來的穆斯林近七十批，其中宣德六年的一次
　　　來歸就達三百余口。伊斯蘭人口的大量湧入，使伊斯蘭文化在中原得到廣泛傳播，且因正德皇帝
　　　信奉伊斯蘭教，故明代形成繼元代之後穆斯林文化的新高峰，常有帶阿拉伯文紋飾的器物出現。
　　　此瓶即爲典型風格，瓶撇口、束頸、環形耳、圓鼓腹、高圈足外撇。腹部兩面的如意雲紋狀開光
　　　內以細密的珍珠紋爲地，刻阿拉伯文字，多以"真主至大、穆罕默德是真主的使者"爲主要經文。
　　　整器形制秀雅、色澤深沉，鏨刻精細深峻，爲阿拉伯文化風格代表作。底雖無款，但端正雅致，
　　　宮廷氣息內蘊。

EARLY QING DYNASTY　A BRONZE VASE WITH ARABIC INSCRIPTION

Provenance: Lot 2911, Christie's Hong Kong, November 26, 2014

高：14.4cm

RMB: 60,000－80,000

來源：香港佳士得第 2911 號，2014 年 11 月 26 日。

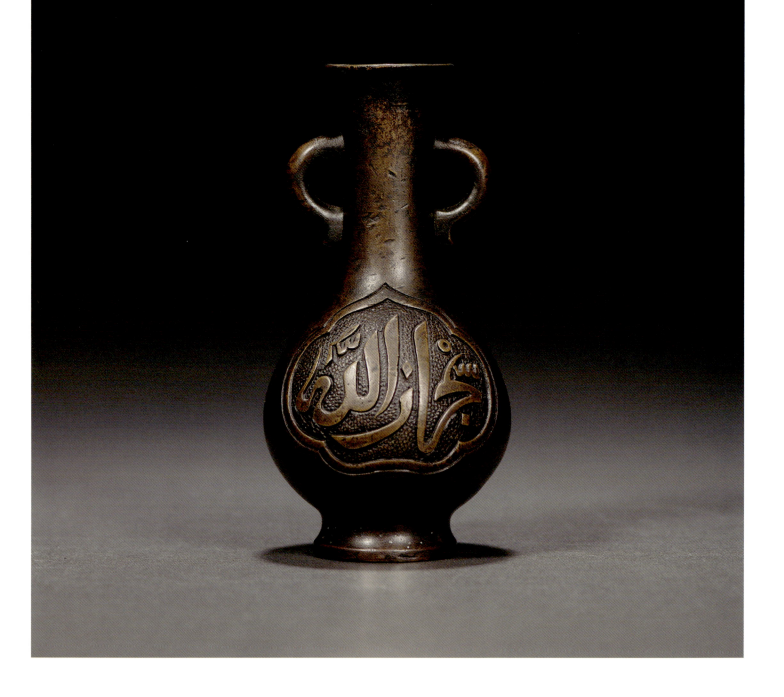

1087
清·宣德年製款銅點金法盞琴爐

款識：宣德年製

說明：配紫檀嵌银丝座及紫檀蓋，珊瑚爐頂。日本回流。

**QING DYNASTY　A GOLDEN-SPLASHED BRONZE CENSER WITH 'XUANDE'
MARK**

高：5cm　口徑：5cm　重：364g

RMB: 50,000－80,000

清·宣德年製款銅點金法盞琴爐

1088

清乾隆·銅漆金無量壽佛坐像

說明：此尊乾隆時期無量壽佛造像，是仿11世紀尼泊爾裏查維王朝的造像風格。清宮仿尼泊爾造像數
　　　量最多，而尤以無量壽佛為盛，乾隆六十大壽時，承德普陀宗乘之廟所鑄無量壽佛數以千計。而
　　　章嘉呼圖克圖所掌管的內蒙古、北京與承德等地的黃教事務，在製作金銅造像方面，將尼泊爾、
　　　清宮以及內蒙古造像風格融合，其特征主要體現在面部，更具蒙古人特點。

　　　此尊無量壽佛精選紫銅，主尊與三角形台座整體鑄造，胎體厚重。菩薩雙手托長壽瓶袒上身全跏
　　　趺而坐，佛頭帶大葉三葉冠，冠葉稍內收，發髻高束，佩耳珰，眉眼低垂，似參佛沉思，胸飾瓔珞，
　　　項鏈臂釧及腕釧一應俱全。整尊造像打造的工藝手法細致入微，面部及全身均有泥金痕迹，台座
　　　正面正中亦精心以卷雲紋刻花裝飾。原配寶瓶頗為難得，爲此中精品。

QIANLONG PERIOD, QING DYNASTY　A GOLDEN-PAINTED BRONZE FIGURE
OF AMITAYUS

高：11.2cm

RMB: 120,000－180,000

宋或宋以前·鐵製觀音頭像

參閱：海外博物館藏宋代鐵製佛頭。

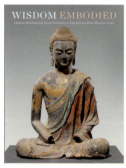 

參閱：《智慧的呈現——大都會藝術博物館的中國佛教及道教雕塑作品收藏》

1089

宋或宋以前·鐵製觀音頭像

說明：宋代鑄像上承盛唐豐腴遺風，下啟後世俊麗先聲。觀音頭束髮髻，細眉秀目，雙目微閉，
　　　目光向下，嘴唇稍抿。眉、睛、唇均用陽刻線條表示，輪廓十分清晰。面頰豐滿，福耳
　　　低垂，法相莊嚴清淨。神態慈悲莊嚴，安詳如入無我之境。粗獷中亦見有細膩，精緻傳神，
　　　淳樸自然。北宋宋太祖致力於護佑佛教，不僅雕印佛經，也修建破舊的佛寺。北宋時期
　　　相繼興建的佛寺有十七處，如唐河縣的菩提寺、南陽縣的興國寺及鄭州城內的龍興寺等。
　　　佛教造像則位於山西天龍山、雲崗、甘肅、河南、四川等著名石窟中。

SONG DYNASTY　AN IRON TOP OF 'GUAN YIN'

高：25.8cm

RMB: 280,000－380,000

參閱：《智慧的呈現——大都會藝術博物館的中國佛教及道教雕塑作品收藏》第183頁，耶魯大
　　　學出版社，2010年。

1090

北魏 · 石雕思維菩薩像

說明：思維佛像表現的是釋迦成佛前身為太子時思索人生哲理的情形。思維菩薩戴高冠，右手食指搭於
　　　臉頰，作思維狀。盤膝而坐，左手屈肘撐於腿上。寬額挺鼻，柳葉形眼微閉，唇抿起，似有笑意
　　　凝視思考，面容恬淡動人。身邊圍繞信眾。

NORTHERN WEI DYNASTY　A STONE FIGURE OF BUDDHA

高：15.5cm　寬：11cm

RMB: 30,000－50,000

1091

宋·臘石雕菩薩像

說明：此類軟石造像於南宋間頗罕，應屬葉臘石質。白潤若堆脂，又見其中隱現透明石紋，些有波漾。胸前所佩海棠佩為經典宋人飾器，如見江西吉安李家山所出南宋水晶海棠佩，即是典例。此佩用途廣泛，不但可為裝飾，亦可做束繩繫衣的衣飾構件。而其開面亦為南宋時經典樣式，丹鳳目內收，直鼻小嘴，修面圓潤，平和安詳，這種手法多見於南宋時期造像。宋人造像，與唐不同，相較唐代的盛世雄氣，更講求安和內斂，氣質神秀，這與宋人的文化生活狀態密不可分。而如本像之裝扮，也多見於同時期的造像。若上海博物館收藏壹例北宋彩繪泥塑菩薩立像，身罩深綠背褙，袒露前胸，胸掛瓔珞。下著白色圍腰，紅色長裙內罩長褲，赤足踏蓮，神貌安和，體態娟秀，與本品頗多近類。又見同館所藏金代彩繪菩薩木像。亦袒胸露乳，腹部微隆且下垂，頸環項圈，下垂寶珠。雙上臂同戴單環臂釧，樣式與本品臂釧完全相同。手腕戴兩雙腕鐲。此述諸例，皆可資參考。若本品之南宋臘石菩薩像，檢世難見，就目前來看，傳世獨此壹品。其時代特征明確，所用石質厚密脂潤，顏色靜潔；造像設計，簡單明晰，部位之安排聚神凝氣，冰肌玉骨，貌似無塵，實謂佛家寶珍。

SONG DYNASTY   A CHRISMATITE FIGURE OF BUDDHA

高：16.4cm

RMB: 80,000－120,000

參閱：上海博物館藏北宋彩繪泥塑菩薩立像。

1092

明 · 銅文殊菩薩像

說明：文殊菩薩於佛教中乃是智慧的化身，在其造像中，常有身旁常伴有威猛獅子的造型，但與獅吼觀
音不同處，乃是其座獅面朝外，現獅子吼狀，百獸聞其聲而退卻，且其吼為智慧之吼，騎獅文殊
菩薩代表喚醒眾生除卻心中之虛妄，以返回實相清淨的自性元明體。文殊菩薩雙腳垂落騎在獅身
上，雙手結"說法印"，相貌慈悲安詳，怡然自若。雙眼微闔，上眼簾較寬，這是明朝漢地造像
的特徵。鼻形俊俏，唇角微揚。頭戴寶冠，雕刻精美。寬肩柔腰，端莊優雅。身著天衣帛帶，飄
逸纏繞於雙肩，自然垂落至獅身上。衣緣鏨刻有花紋帶，裙褶自然流暢鋪於蓮花座上，生動自如。

QING DYNASTY   A BRONZE FIGURE OF MANJUSHRI

高：22.7cm

RMB: 20,000－30,000

1093

元 - 明・銅觀音菩薩坐像

說明：觀音自宋代以來，逐漸像柔美秀麗方向發展，以自在坐水月觀音最為典型。至元代，受藏傳佛教
造像影響，開始趨於莊重平和。這一時期承上啟下，奠定明清兩代觀音像之式樣。此尊面容慈悲
安詳，眼光下斂，鼻形俊俏嘴角微揚。頭戴寶冠，U 字寶繪上揚，周身披掛華麗的瓔珞。雙手腹
前結禪定印，結跏趺坐，配黑漆舊木座。對比參考有確切考古層位的元代影青觀音，可知此尊的
開臉飽滿、瓔珞華麗，符合元末明初正觀音特征。

YUAN DYNASTY–MING DYNASTY　　A BRONZE FIGURE OF 'GUAN YIN'

高：29.5cm

RMB: 50,000－80,000

1094

元 · 木雕觀音坐像

說明：此尊觀音座像形象古樸，包漿醇厚，局部漆彩，帶有元末明初中原山西地區典型風格。觀音全跏趺坐于山石之上，雙手于腹前結禪定印。頭戴寶冠，束髮高髻，開臉祥和，圓潤飽滿，曲眉似彎月，雙目微睜，直鼻高挺，嘴角含笑，顯得莊重凝靜，似在聆聽眾生，具有同時期人物臉相特點。身披下垂式通肩大衣，胸前佩戴瓔珞，下著長裙，此類裙擺搭于山石底座之上，衣裙層疊之技法亦是早期中原佛像風格。

YUAN DYNASTY　A WOOD FIGURE OF 'GUAN YIN'

高：24cm

RMB: 30,000－50,000

1095

金 - 元 · 木雕普賢菩薩及文殊菩薩佛龕一組兩件

說明：佛龕即小型的佛寺或佛堂，即供佛之小室。"龕"原指掘鑿岩崖爲空，以安置神
像之所，安置佛像即稱爲"佛龕"。據《觀佛三昧海經》卷四記載："之須彌山有
龕室無量，其中有無數化佛。"此木雕佛龕爲元代便攜式佛龕，方便外出時攜帶
禮佛之用。佛龕內部呈洞窟狀，文殊騎乘于獅身，意表智慧威猛無比，普賢坐騎
爲大象，右手持如意，象是普賢形象的標志，也是其廣大行願的重要體現。兩尊
佛像開臉祥和，面相圓潤，法相慈悲端莊，從其方圓之開臉及雕刻之五官，無不
透露元之氣息。佛龕包漿皮殼古拙，紅綠彩稍有剝落，線條簡約，盡顯古佛味，
值得珍藏。

JIN DYNASTY–YUAN DYNASTY A WOOD FIGURE OF
SAMANTABHADRA SHRINE AND A WOOD MANJUSHRI SHRINE

高：21.5cm　數量：2

RMB: 60,000－80,000

達摩入滅太和年，
熊耳山中塔廟全。
不是宋雲葱嶺見，
誰知只履去西天。

1096

南宋·湖田窯瓷塑達摩像

說明：達摩，前額寬大，鬢髮捲曲，絡腮鬍子，雙眉緊鎖，雙目圓睜，容貌威嚴。右手高舉，似托一物，左手彎曲下垂，
腕部飾法鐲。大耳垂肩，飾耳鐺與耳環，胸前掛蓮花形飾與瓔珞，肩飾飄帶。上身赤袒，下身著長裙，衣裙隨風飄動，
線條輕重得體，瀟灑自如。

達摩，傳波斯國人。《舊唐書·僧神秀傳疏證》謂：“達摩後稱碧眼胡僧”。從達摩的姿態來看，推測右手托一隻僧鞋，
為達摩只履西歸故事。達摩圓寂，世人震驚，然而東魏使臣宋雲因事出使西域，許久未歸，對此事一無所知。達
摩圓寂後兩年，宋雲從西域返京。在途經蔥嶺時，看見達摩光著腳，一手拄錫杖，一手托只履。僧衣隨風飄，稱
要回西天去。孝靜帝聽說後，遂命人開棺視之，達摩棺中空空，只剩下一隻鞋子，遂建寺供奉。

此尊素胎瓷塑達摩將雕塑的藝術美與材料的質地美巧妙地結合在一起，以純白為基調，摒棄彩飾，更強化了達摩
不同凡響的精神境界。

SOUTHERN SONG DYNASTY　A PORCELAIN FIGURE OF DHARMA, FROM HUTIAN KILN

高：20cm

RMB: 180,000－250,000

1099

宋·黑釉淨瓶

說明：淨瓶為佛教僧侶"十八物"之一，遊方時可隨身攜帶以儲水或淨手。它淵源於佛國印度，後隨佛教傳入中國、日本、
　　　朝鮮等地，梵語音為"捃雅迦"、"軍持"，中國翻譯為淨瓶，唐宋時期流行的的淨瓶造型為管狀細長頸，頸中部突
　　　出如圓盤，長圓腹，圈足，肩部上翹短流。
　　　此淨瓶，通體施茶葉末狀黑釉，長頸，腹部長圓，圈足外撇。短流通於腹部一側，流口為一小缽形。淨瓶異於常
　　　見的日常器物，為佛教所專用，傳世到今天的更是鳳毛麟角，是一件值得收藏的宋代佛教法器。

NORTHERN SONG DYNASTY　A BLACK-GLAZED VASE

Note: Attached is a postcard.

Provenance: Previously collected by Totomi Art Museum, Shizuoka, Japan.

高：30cm

RMB: 80,000－120,000

來源：日本靜岡縣遠江美術資料館舊藏，附明信片。

遠江美術資料館明信片

唐・青銅刻釋迦說法舍利函

說明：舍利函多為裝陳舍利之用。舍利在梵語中意為屍骨，指死者火化後的殘餘骨燼，一般用於佛家，
　　　多指佛祖釋迦牟尼火化之後留下的固體物，如佛發、佛牙以及佛指。此銅函方形，上有盝頂式蓋，
　　　紋飾繁縟，內容豐富，通體採用鏨刻技法，蓋頂刻鳳穿花卉紋，器身每面鏨刻釋迦說法圖，具有
　　　典型的唐代風格。唐代舍利容器紋飾的圖案具有明顯的融合特徵，即具有典型佛教文化特色諸如
　　　飛天，說法，又有龍鳳、花鳥紋，真實反映唐代佛教文化經過佛教中國化的演變。

TANG DYNASTY　A BRONZE BUDDHIST RELICS CASE WITH BUDDHA PATTERN

高：13cm　長：11.8cm　寬：11.8cm

RMB: 50,000－80,000

1101

唐・銅雙龍一佛二菩薩錫杖首

說明：錫杖也稱"聲杖"、"智杖"、"德杖"或"鳴杖"，是中國古代漢傳佛教"比丘十八物"之一。錫
杖的作用有三點，一是和尚在行腳雲遊途中逐害蟲野獸；二是行乞時晃動銅環發出聲響；三是年
長的和尚，可以用此充當拐杖。此拍品為銅質，通體鏨刻，做工精湛，風韻古拙。杖首底部以仰
首蓮花座為基，上承相背交纏雙龍，頂端為一佛二菩薩。此杖首紋飾華麗，可想見當時原狀，必
定為皇室進貢或者高僧所持之寶。

TANG DYNASTY   A BRONZE CANE TOP WITH DRAGON AND BUDDHA
PATTERNS

高：28cm
RMB: 50,000－80,000

五代·龍泉窯蓮瓣紋五管瓶

　　龍泉窯為宋代六大窯系之一，其窯址位於今浙江省龍泉市。它開創於三國兩晉，結束於清代，生產瓷器的歷史長達1600多年，是中國製瓷歷史上最長的一個瓷窯系，它的產品暢銷於亞洲、非洲、歐洲的許多國家和地區，影響十分深遠。早在三國兩晉時期，當地的老百姓便利用當地優越的自然條件，吸取甌窯、婺州窯等周邊窯場的製瓷技術與經驗，開始燒製青瓷，但當時燒製的青瓷非常粗糙，窯業規模也不大。這一狀況到了五代和北宋早期，出現了突然的變化。這一時期的代表性器物就是如本品一樣的淡青釉瓷器。這種淡青釉瓷器，器形規整，釉面均勻光潔，透著幽淡的青色，有些還經過刻劃修飾，與粗糙的早期龍泉青瓷形成了鮮明的對比，並開啓了龍泉窯在有宋一朝的輝煌。

　　南宋紹興三年莊綽的《雞肋編》"處州龍泉縣……又出青瓷器，謂之秘色。錢氏所貢，蓋取於此。宣和中，禁庭制樣需索，龍泉青瓷益加工巧。"莊綽曾在上述文中清楚地描述了處州龍泉縣是五代吳越錢氏所貢青瓷的產地。過去，許多學者在引用此條文獻時並不認可"五代秘色瓷出龍泉"的觀點。然而，在乾隆二十七年（1762）修的《龍泉縣誌·大事記》中又提到"五代貞明五年龍泉金村、劉田等地製瓷作坊已具規模"，這說明在有限的古文獻中，至少有兩處提到了五代以前，龍泉燒造瓷器的事實。

　　此五管瓶是龍泉窯早期的精品。蓋作荷葉形，刻劃雙重蓮瓣，雕刻精細，蓋頂以荷葉與花蕾作鈕。瓶盂口，長喇叭形頸。頸肩銜接處裝飾荷花形系，花朵亭亭玉立。肩緣安裝多稜形五管，管下針挑工劃流雲紋。下腹部刻仰蓮，刻劃較深，有立體感。胎灰白，施淡青釉，釉層溫潤，造型典雅，紋飾雖繁但整體構造緊湊，具有極高的審美價值。

　　其器形與長幹寺地宮出土鎏金銀瓶類似，特別是蓮瓣形蓋和下腹部的仰蓮瓣裝飾體現出相同的時代風格，只不過在肩部多了五管裝飾。

　　五管瓶，又稱多管瓶，是流行於宋的一種瓶式，因瓶肩部各面分佈著直立的多稜形管而得名。有五管，六管，十管，十五管等多種制式。龍泉地區自北宋起便燒製多管造型的器皿，有的以為是燭臺，有的以為是花插。其用途尚難斷定，但似為墓葬中做為"穀倉"意涵的用器。關於此瓶的用途，不應簡單地視為實用陳設器，應當是帶有一定佛教意義的隨葬冥器。

中國最大的舍利塔，五代棲霞寺舍利塔

1102

五代·龍泉窯五管瓶

FIVE DYNASTIES A 'LONGQUAN' CELADON-
GLAZED VASE

高：40cm
RMB: 800,000－1,200,000

1103

宋・磁州窯白釉行爐

說明：磁州窯為宋代六大窯系之一，其窯址位於今河北省邯鄲市，即古磁州。磁州窯的胎土黑灰，為了燒製出白釉瓷，常在胎上覆蓋一層白色化妝土。磁州窯雖為宋代民窯，但其返璞歸真的藝術風格漸漸為世人所追慕，今年香港拍場上一件磁州窯的玉壺春瓶以 600 多萬高價成交，體現了磁州窯的市場價值越來越被重視。

爐上部為圓形寬口沿，中為圓形直腹，下為喇叭形長足，造型修長。通體施白釉，釉不及底，細密開片。佛家認為"香為佛使""香為信心之使"，焚香是佛事活動中必有的內容。佛家有一種修持為"經行"，即手捧香爐圍著佛像繞行三圈、七圈或更多，謂之"行香"。行爐即禮佛行香時所用。因為這種香爐既可以放置在原地使用，也可以手持行走使用，故稱為行爐。在宋代名畫《番王禮佛圖》中，繪少數番王朝拜佛像的場景，其中一人手捧行爐，與此爐形制幾乎一模一樣。

SONG DYNASTY　A WHITE-GLAZED CENSER, FROM YAOZHOU KILN

Provenance: 1. Metropolitan Museum of Art
　　　　　　　2. Fletcher Foundation

高：11.4cm

RMB: 80,000－120,000

來源：大都會藝術博物館舊藏，Fletcher 基金會舊藏。

參閱：宋代趙光輔作《番王禮佛圖》現藏美國克裡夫蘭藝術博物館。
　　　《番王禮佛圖》中的行爐。

趙光輔作《番王禮佛圖》現藏美國克裡夫蘭藝術博物館。
《番王禮佛圖》中的行爐

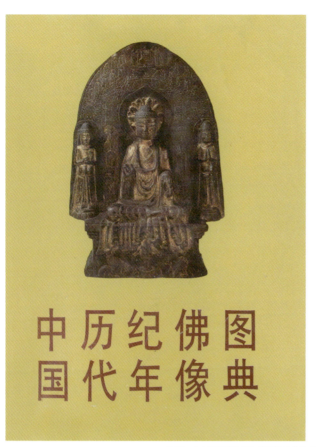

263　张玄义造加彩弥勒像　唐仪凤四年(六七九年)

參閱：《中國歷代紀年佛像圖典》第 263 頁，文物出版社，1994 年。

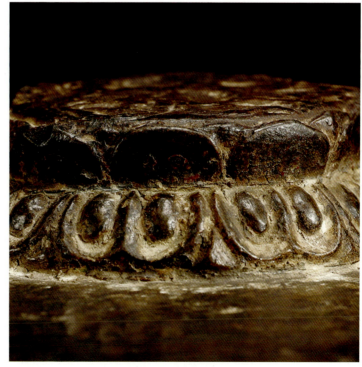

參閱蓮辦對照圖

1104
唐永淳元年 · 青石雕彌勒佛坐像

銘文：永淳元年五月五日，比丘尼住兒合房門徒等，奉為口……闍梨海意，敬造彌勒像一鋪，使亡師神生淨國，面覩慈顏，聞說大乘，悟無生忍見，在門徒恒為善友，速超彼境，早去愛河，法眾蒼生，咸登覺道。

說明：此造像青石雕刻，製彌勒一尊。面相飽滿，肉髻高聳，其上波髮曲折。雙眉若彎月，兩目低垂，鼻樑挺拔，厚唇輕合，雙耳垂肩，慈祥靜謐。貼身著僧祇支，前襟斜胸，外披天衣。左手置於左膝，右手本施無畏印，惜已佚失。垂足倚坐方形台座上，兩足赤裸，分踩兩枝外沿的小蓮座上。佛座束腰，下部三層平行疊澀。下部原有連體底座，前部有供養發願文，兩側當有兩菩薩侍奉。現兩邊人為分割，上部僅存束腰雙層蓮花座。銘文記"永淳元年五月五日"，是唐高宗李治與武則天時期，即公元 682 年。

彌勒淨土信仰的普及源於《彌勒大成佛經》、即《彌勒下生經》的流行。最初彌勒信仰主要在河北、河南、山西、四川、陝西、江蘇等地傳播。早期彌勒造像主要有兩種：一是菩薩裝，頭戴寶冠，坐姿為交腳式，呈說法相或思惟相；二是佛裝，頭梳髮髻，多為站姿或交腳坐姿，施轉法輪印或無畏印。交腳式樣的坐姿佛像來源於中亞及新疆地區，在這一影響下，交腳坐曾是石窟寺彌勒菩薩的定式：在北魏遷都前，彌勒像多采交腳坐式，著菩薩裝，戴寶冠，上身袒裸，佩項圈、瓔珞、蛇形等飾物。北魏遷都洛陽後，漢化程度日深，以皇室為主營造的龍門石窟北魏朝窟中，交腳像依舊是重要題材。至北魏後期，彌勒菩薩像數量急速減少，至隋唐基本消失，到武則天時期的彌勒造像才再次增多，並多以倚坐式彌勒佛形象呈現。

倚坐像彌勒自貞觀年間興起，高宗以來成為固定形象並逐漸程式化。唐代國力富庶，以豐腴為美，一改南北朝秀骨清像的風格。因此當時的佛教造像面部圓潤，重頷廣額，體態豐碩飽滿。在塑造上，工匠們融入了自己的理解與創造，帶有溫柔和婉的女性氣質，充滿慈愛憐憫之情。

武則天時期的倚坐彌勒佛的服飾通常為褒衣博帶式袈裟或通肩式袈裟，輕薄貼體，衣褶簡潔清晰。面相方額廣頤、眉清目秀。頭飾有螺髻、波形髮髻和磨光髮髻。雙臂曲肘，自然放在腿上，印相多為一手施無畏印，一手作撫膝狀；或一手施無畏印，一手施予願印；也有一手撫膝，一手持物上舉。佛座有方座、須彌座和獅子座。

此尊彌勒選用的青石，為晉豫一帶石材，屬北方造像。造型是典型盛唐風格，這與銘文書寫的年代相符。自麟德元年（664 年），武則天逐漸理政，永淳二年（683）高宗病逝後，更是大權獨攬。彌勒是未來佛，在釋迦牟尼佛涅槃五十六億七千萬年後降臨。在當皇后時期，武則天強化自己是彌勒在世，也帶來這一時期彌勒造像的盛行。這尊造像是當時多種歷史因素的反映。同類可參考《中國歷代紀年佛像圖典》第 263 頁，唐儀鳳四年（679 年）張玄義造加彩彌勒像。

THE FIRST YEAR OF YONGCHUN PERIOD, TANG DYNASTY   A LIMESTONE STATUE OF MAITREYA

Provenance: 1. Leendert van Lier of Karel van Lier, before the 1940s
　　　　　　2. Van Lier family, between the 1940s and 2000

高：35cm

RMB: 450,000－600,000

來源：1. 荷蘭阿姆斯特丹卡雷爾·凡·萊爾（Karel van Lier）藝術行林德特·凡·萊爾（Leendert van Lier）收藏，20 世紀 40 年代以前。
　　　2. 凡·萊爾（van Lier）家族成員繼承收藏，20 世紀 40 年代至 2000 年。

參閱：《中國歷代紀年佛像圖典》第 263 頁，文物出版社，1994 年。

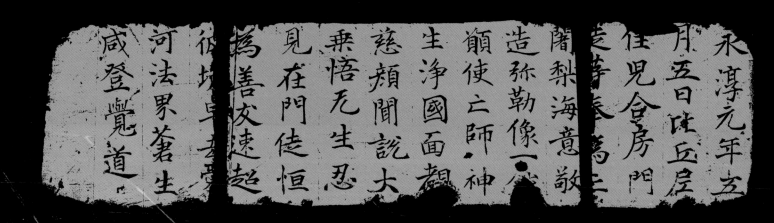

1105

清·青玉雕十三級浮屠寶塔

說明：“浮屠”即為梵語“佛塔”之意，佛塔最初是用來供奉舍利、經卷或法物。十三級佛塔是佛塔中最高等級。

此尊佛塔為十三級方塔形制，下部浮雕佛像與護法像各四尊，底部採用須彌座，下承四蓮花足。塔身有白色沁斑，底足有棕黃沁色。

QING DYNASTY A THIRTEEN-FLOOR CELADON JADE STUPA

高：21.9cm

RMB: 20,000—30,000

1106 清·銅鎏金八寶獸面紋轉經佛塔

說明：目前，故宮中珍存的供龕多屬乾隆時所作，樣式和裝飾內容纍滿，蒙、漢、藏宗教和生活中眾多藝術元素。清宮製作的佛龕常作屋宇式，如佛塔、樓閣、連棟的院落。此佛塔爲非典型藏傳佛教佛塔造型，由塔刹、塔簷、缽形塔身及塔座四部分組成，分段燒造後再合成。簷沿爲龍首，下垂鈴鐺，缽形塔身內供奉佛祖，外飾獸面及瓔珞紋，與清乾隆的裝飾紋樣風格一致。八寶紋、卷草紋、蓮瓣紋、轉經筒等都爲藏傳佛教元素。佛塔採用錘揲和鑄造工藝相結合，工藝精湛，紋飾繁密華麗，通體鎏金，絢麗多姿，燦爛生輝。可謂清代法器製作工藝的傳世佳作。

QING DYNASTY A GILT-BRONZE BUDDHIST STUPA WITH BEAST PATTERN

高：50.1cm

RMB：50,000－80,000

東魏天平四年・唐雲及曹大鐵舊藏鐵製釋迦牟尼像

銘文：大魏天平四年歲次丁巳十二月辛卯朔五日乙未，河南統兵馬司四州司空太史散騎常侍右衛將軍高平王元寧造像一區，司製。

說明：此尊釋迦牟尼別具特色，其一是材質，以鐵鑄成。鐵製器物多易鏽蝕，保存難度大，尤其類此體量較小者，尤為罕見。其二是題材：
主尊釋迦牟尼站立，右手施無畏印，左手施予願印。面前對稱自在坐兩尊佛，同樣採用左無畏右予願之手印，左佛右足和右佛左足
分踩底座突出的蓮花座上。這有別於常見之一佛二子弟或一佛二菩薩。其三是背光，上部有廟宇，內結跏趺坐三世佛，兩側有兩對
站立菩薩。下部兩各有結跏趺坐佛各一，整個畫面組合類似敦煌北魏壁畫構圖。從背後銘文紀此件為天平四年，屬歷史上東魏初年。
供養人元寧，為地方侯王。北魏皇室遷都洛陽，拓跋姓改漢姓元，由此可知元寧為皇室宗親。此件鐵佛最初是唐雲於 1958 年 6 毛
錢買自廢品收購站，後贈予好友曹大鐵。

THE FOURTH YEAR OF TIANPING PERIOD, EASTERN WEI DYNASTY　AN IRON FIGURE OF SAKYAMUNI

Provenance: Previously collected by Tang Yun and Cao Datie.

高：34cm

RMB: 80,000－120,000

來源：1. 唐雲收藏。
2. 曹大鐵收藏。

藏者簡介：1. 唐雲（1910～1993），字俠塵，別號東原、藥塵、藥城、藥翁、老藥、玄丁、大石、大石居士、大石翁，浙江杭州人。曾任
中國美協理事、上海中國畫院院長、名譽院長，西泠印社理事。爲海上花鳥畫 "四大名旦" 之一。
2. 曹大鐵（1917～2009），號菱花館主，江蘇常熟人。張大千入室弟子。土木工程專家，工詩詞書畫，精鑒賞，富藏書。江蘇
省文史研究館館員。

唐雲　　　　　曹大鐵

此拍品背面銘文

1108

明末清初・黃花梨淨水碗

說明：明代晚期至清代初期淨水碗傳世以青花為多見，而此碗以黃花梨雕成，供奉佛前，木材之古雅紋
理似空似幻，使這件淨器更添幾分神秘莊嚴。明清兩代宮廷信仰佛教，內務府設有專門的營造司
和宮廷造辦處，不惜動用巨大的人力、財力，專門為皇家寺廟製作各類供器。供器即表示對佛、
菩薩的恭敬、禮拜，目的是弘揚佛法，而淨水碗即屬佛前供器之一。此件淨水碗，唇口，束腰，
腹部微鼓，玉璧形底足。碗形旋削精細，木紋自然清晰。用料奢華，端莊大方，磨製精道，線形
柔暢，拋光細膩，小器大作，堪稱收藏之絕佳品。

LATE MING DYNASTY-EARLY QING DYNASTY　A HUANGHUALI RITUAL BOWL

高：6cm　口徑：14.7cm

RMB: 10,000－20,000

1109

宋·銅獸鈕佛教人物紋鐘

說明：鐘最初為打擊樂器，各時代鐘的形制大小不一，造型多樣。此件拍品為一件小規格的銅鐘，鐘面
　　　有四組凸起的枚，全鐘共 24 枚，每組中間裝飾一佛教人物紋。頂部加獸鈕，獸鈕兩側飾以龍紋，
　　　造型古拙質樸，意味深遠。

SONG DYNASTY　A BRONZE BELL WITH BUDDHIST FIGURE PATTERN

高：18.2cm　口徑：13.7cm

RMB: 30,000－50,000

1110

清·白玉雕伏虎羅漢坐像

說明：佛典中載，伏虎羅漢是十八羅漢中的第十八位，其身份由乾隆皇帝與三世章嘉呼圖克圖若必多吉
　　　欽定。之所以稱為伏虎羅漢，是因傳說中伏虎羅漢居所之外常有餓虎因缺少食物而長嘯不止，羅
　　　漢便將自己的飯食分與餓虎，久而久之此虎便被羅漢降服，伏虎羅漢由此得名。此擺件取白玉為材，
　　　如脂如膏，造型靈巧有力。

QING DYNASTY　A WHITE JADE FIGURE OF ARHAT

高：6.4cm

RMB: 10,000－20,000

1111

清 · 白玉雕觀音立像

說明：《法華經－觀世音菩薩普門品》等佛教經典有雲："妙音觀世音，梵音海潮音，勝彼世間音，是故
須常念，念念勿生疑。"大意乃觀音菩薩慈悲為懷，神通廣大，化身無數，根據眾生根器隨機應化，
普門示現，十方國土無剎不現身，眾生只要至誠持念觀音名號，可以逢凶化吉，滿一切如法善願。
玉質潔白如冰，玉質上乘，如脂如膏，整體圓雕。觀音身披天衣，高輓髮髻，胸垂瓔珞，手持念珠。

QING DYNASTY   A WHITE JADE FIGURE OF 'GUAN YIN'

高：12.5cm

RMB: 10,000－20,000

1112

明·漆缽

說明：原配錦囊。

MING DYNASTY A LACQUERED BOWL AND A
POCKET

高：8cm　口徑：13.3cm
RMB: 無底價

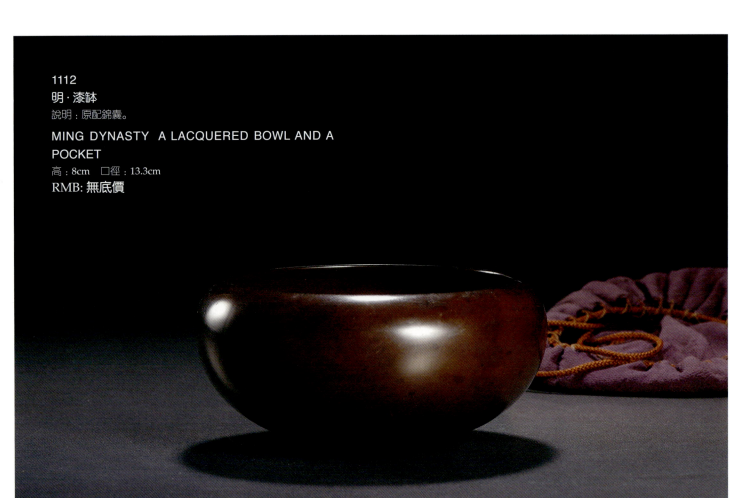

1113

宋·湖田窯瓷念珠

說明：瓷質的念珠在宋代各個窯口都較少燒製，其中景德鎮湖田窯燒製的念珠最為細
　　　膩圓潤。因為瓷珠容易磕碰而破損，故瓷質的念珠當不是日常生活所實用佩戴，
　　　而是在隆重的禮儀場合所使用。

SONG DYNASTY A STRING OF PRAYER'S BEADS, FROM HETIAN
KILN

珠徑：0.7cm　數量:108 顆
RMB: 無底價

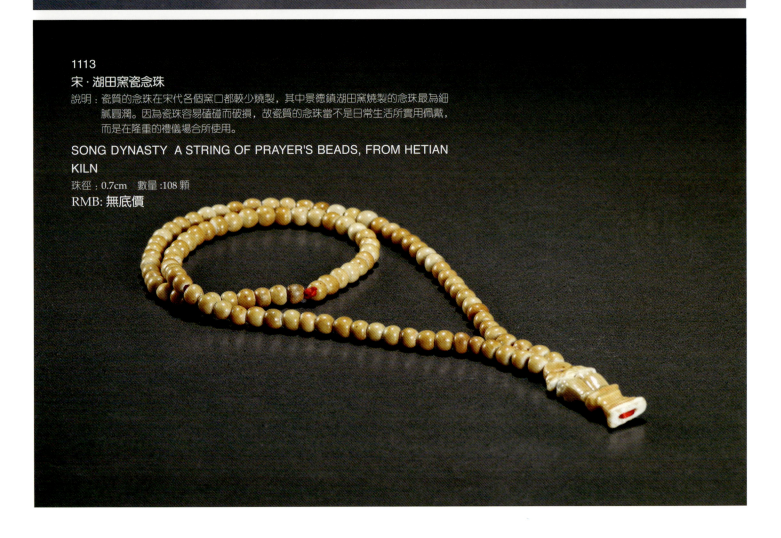

1114

明·純金帶彩瓜棱形香盒

說明：香盒有蓋與身兩部分，作橢圓形扁體多棱瓜棱形，蓋身內設有企口可蓋盒緊密。蓋面瓜帶處瓜葉
累絲花瓣蔓生，舒展有致，葉面填紫色和深藍色彩漆。瓜棱上鏨有飽滿麥穗。底部鏨刻菊花紋飾。
此件瓜果形香盒乃以我國傳統金作工藝中的錘揲、鏨刻、焊燒、鑲嵌等工藝精製而成。明代湖北
蘄春劉娘井墓出土的一件銀瓜鼠盒，整體造型與這件金器類似。但在工藝上，此件香盒更加代表
明代金作鼎盛時期典型工藝。

MING DYNASTY   A RIDGED GOLDEN INCENSE CASE

高：3.3cm   重：33.4g

RMB: 30,000－50,000

參閱：《奢華之色 宋元明金銀器研究卷 2 明代金銀首飾》第 173 頁，揚之水，中華書局，2011 年。

1115
明末 · 淡居清玩款銅鉢式爐

款識：淡居清玩。

說明："鉢"字是佛門盛貯器的音譯，釋迦牟尼手托鉢盂，廣種福田，鉢式爐屬佛教供器。自佛教傳入中國後，
　　　僧人多用之。明宣德時，皇家崇信佛教，特別是藏傳佛教。大批藏地僧侶紛紛入京朝貢。因而此
　　　類爐形也隨之應運而生，得到發展。明末達觀大師弟子法鎧字忍之，號淡居。生而穎慧，才名鵲起。

LATE MING DYNASTY　A BOWL-SHAPED BRONZE CENSER WITH 'DAN JU QING WAN' MARK

高：7.3cm　口徑：9.9cm　重：1197g

RMB: 20,000－30,000

1116

清·銅鎏金瘦骨羅漢座像

說明：瘦骨羅漢又稱雪山大士，是佛祖釋迦牟尼經歷苦行修成正果的經典形象，常被用來贊譽人們安貧
樂道的志趣。此瘦骨羅漢沿襲經典造型，筋骨暴露，似在痛苦中參佛。坐禪姿，螺髮短髻，螺髮
上藍彩，面目祥和，胡須稍翹；上身赤裸，前胸後背肋骨根根，鎖骨胸肋、背脊凸出，禪衣下滑
圍肚，精心考究鎏金爲飾，屈左膝，蜷右腿，雙手交叠于左膝之上。雖瘦骨如柴，但精神矍鑠，
面帶慈善。整件主體突出，造型準確，生動傳神，刀工犀利灑脱。尤爲難得的是原配紅木蒲團紋
底座。

QING DYNASTY　A GILT-BRONZE FIGURE OF ARHAT

帶座高：19.6cm　高：17.6cm

RMB: 50,000－80,000

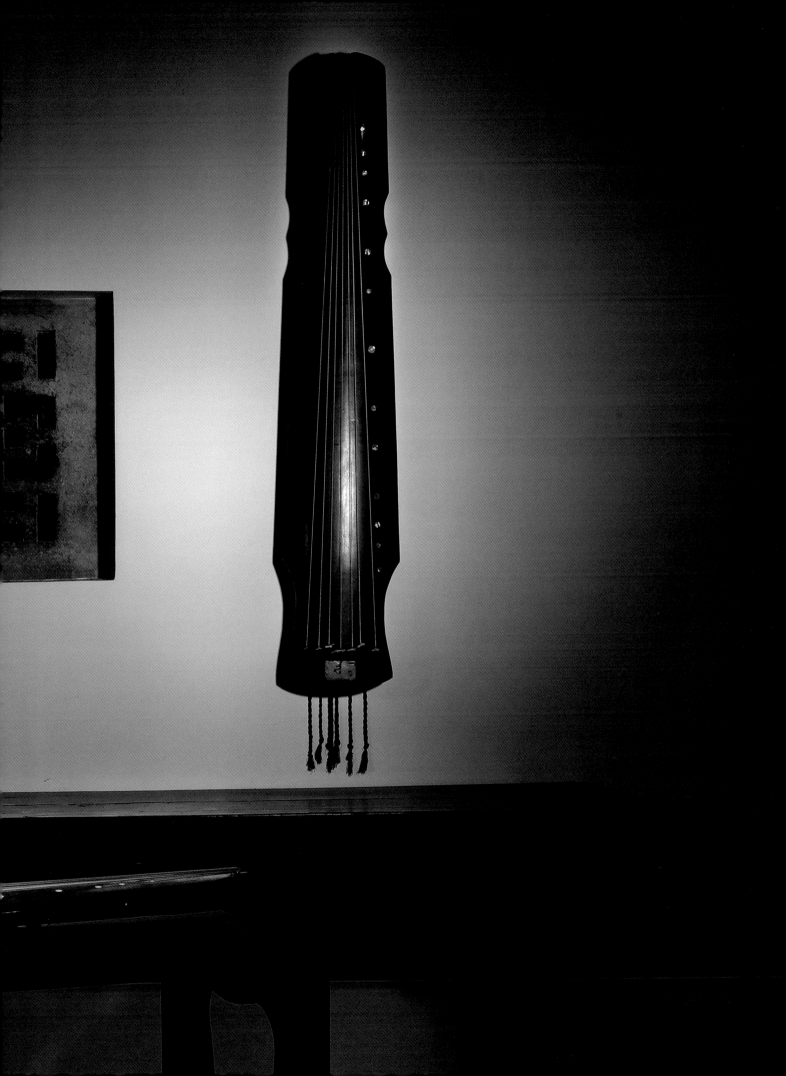

1117

明 · 夏蓮居舊藏松濤款仲尼式古琴

琴名：松濤。

說明：此琴為仲尼式，形制古樸典雅，做工精良，張弦試音，三准俱佳，低音渾
厚凝重，深若晨鐘，古樸性渺，松透悠揚。整張古琴通體以黑色原漆為主，
間以朱漆，漆色溫潤雅致，渾然天成。配以螺鈿徽，珍惜材質作嶽山。該
琴琴面斷紋明晰，流傳有序，為傳世古琴佳作，琴家實可藏之。

MING DYNASTY A 'ZHONGNI'-STYLE 'QIN' WITH 'SONG TAO'
MARK

Provenance: Previously collected by Xia Lianju.

琴長：120cm　額寬：17.5cm　肩寬：19cm　尾寬：14.5cm

RMB: 380,000－600,000

來源：夏蓮居居士舊藏。

藏者介紹：夏蓮居居士（1884～1965），本名夏繼泉，字溥齋，號渠園。中年以
後專修淨業，改名蓮居，又號壹翁。山東鄆城人，清朝雲南提督夏辛
酉之長子。20世紀傑出的佛教學者和淨宗行人，是繼劉遺民、楊無為、
王龍舒、袁宏道、周安士、彭際清之後的又壹淨宗在家大德。

夏蓮居居士

此四存學會藏琴也丁卯秋廣學于
楊師時百借用之楊師撫而歎曰良製
也其聲睡實宏亮華之性具此英華
姓秦山西潞州人向業銅匠壬子臘月
傷于家精製造惜其一生無多戴也
今度得琴腾囊四存學會取唱廣
先生存性名之并記楊師之言於此
丁卯冬月廣枫庚志

1118

民國・夏蓮居舊藏楊宗稷訂製秦華斫存性款伏羲式古琴

琴名：存性。

銘文：此四存學會藏琴也，丁卯秋度學琴于楊師時百借用之。楊師撫而歎曰：良製也，其聲堅實
宏亮，華之性具此矣。華姓秦，山西潞州人，向業銅匠。壬子臘月，庸予家精製造，惜其
一生無多製也。今度得琴，將囊歸四存學會取習齋，先生存性名之，並記楊師之言于此。
丁卯冬月齊執度志。步章（白）。齊氏（朱）。

腹內銘文：潞安秦華斫。

說明：此琴銘"存性"，古桐木為面，梓木為底。圓形龍池，方形鳳沼，琴腹內木質古舊。琴上
有長篇銘文，記錄其斫製過程。琴腹朱砂書寫"潞安秦華斫"。造型體厚而寬實，琴體大
氣流暢。琴面飽滿，琴底平整光潔。其音韻古樸松透、輕快愉悅。琴為伏羲式，琴額頭處
嵌白玉虎形佩，螺鈿徽、牛角琴軫。為收藏家夏溥齋先生舊藏。

在《歷代琴學資料選》中曾提及此琴所來之緣由，民國琴學大師楊宗稷於 1917 年在北京
開辦了"九嶷琴社"掛牌辦學教琴，而後成為琴史上有名的九嶷派。而此時和者眾多而苦
無多琴，遂派其徒秦華在南縣斫近一百四十琴，其音色與唐宋琴不相伯仲，楊宗稷逐一名之，
秦華至此亦聲名鵲起。而此琴存性是由四存學會學員齊執度學琴時所用。四存學會是 1918
年由齊樹楷與齊振林在北京成立的，而齊執度為齊振林之子，亦為"九嶷琴社"弟子之一。
後此琴輾轉流傳至音律大師夏蓮居居士手中，亦得其知音。

QING DYNASTY A 'FUXI'-STYLE 'QIN' WITH 'CUN XING' MARK, CUSTOMIZED BY YANG ZONGJI

Provenance: Previously collected by Xia Lianju.

琴長：124cm　肩寬：23cm　尾寬：17cm

RMB: 350,000－500,000

來源：夏蓮居居士舊藏。

參閱：《歷代琴學資料選》，第 642，643 頁，四川教育出版社，2013 年。

藏者介紹：夏蓮居居士（1884～1965），本名夏繼泉，字溥齋，號渠園。中年以後專修淨業，改
名蓮居，又號壹翁。山東鄆城人，清朝雲南提督夏辛酉之長子。20 世紀傑出的佛教學
者和淨宗行人，是繼劉遺民、楊無為、王龍舒、袁宏道、周安士、彭際清之後的又壹
淨宗在家大德。

夏蓮居居士

參閱・《歷代琴學資料選》，第 642，643 頁，四川教育出版社，2013 年。

1119

清·竹製尺八

說明：尺八，竹質，以長一尺八而得其名，盛於隋唐，禮樂於宮廷，而至宋代，尺八演化為五孔。沈括《夢溪筆談》所載："後漢馬融所賦長笛，空洞無底，剡其上孔，五孔，一孔出其背，正似今之尺八。"尺八一半所用的竹節乃萬里挑一，內壁寬厚，中通無底。而歌口亦為節生處，中段兩節處，正背分鑽五孔，其間等距，其孔等圓，孔不落竹節處。以此形制，而長尺八之竹，寥寥可數。其歌口外切半月，口沿處常以嵌倒扇形牛角為簧片，以揚其聲。其竹質色栗黃，包漿溫潤，實屬佳器。

QING DYNASTY A BAMBOO SHAKUHACHI

長：52.6cm

RMB: **無底價**

1120

清 · 德化窯洞簫

說明：洞簫作竹節式，質潤如玉。音孔有六，五個音孔朝上，一個音孔朝下，根部有兩個出音孔，古稱"鳳
眼"。目前，洞簫常流行於福建、廣東等地，因而德化窯有所嘗試。瓷簫由於燒造時的縮水變形，
一般都以"吊燒"的方式燒製。但較為複雜的是燒製過程中的音準，常有百枝中無一二合調，成
品率極低。一隻好的德化瓷簫其聲淒朗，遠出竹上。這是德化窯的特殊產品，時代多為明末清初。
在北京故宮博物院中，有類似藏品可作為比對。德化窯洞簫在藝術品市場亦受追捧，同類洞簫在
拍場以 36 萬高價成交，進一步體現了德化窯洞簫的藝術價值。

QING DYNASTY　A BLANC DE CHINE 'DEHUA' VERTICAL FLUTE

長：59cm

RMB: 50,000－80,000

清康熙 · 竹雕採藥老人像

1121

清康熙·竹雕採藥老人像

說明：竹雕技藝，自六朝始，唐代初具規模，明清時步入鼎盛。竹雕一般採用淺刻、淺浮雕等工藝，更為高超的
則採用多種技法，以陰刻、陽刻、鏤雕等手段並加入文人思想，意在表現文人的精神風貌。明清兩代竹雕
名家輩出，以金陵派和嘉定派為代表，輩出竹雕奇異之士。康熙時竹雕工藝受益于盛世環境，因此精工雕
琢繁密之器應運而生，以封錫爵、封錫祿、封錫璋兄弟三人為代表，清代金玉珏《竹人錄》載："至若採
藥仙翁、散花天女，則又軒軒霞舉，超然有出塵之想"，以此來形容封氏兄弟之工。此件以採藥老人為素材，
手持靈芝，端坐臺上，似壽星一般。以竹本身結構進行鏤雕，在頂部、身部及座部玲瓏石上皆有表現，其
他部位如鬚鬢、竹籃等皆刻畫細膩。細緻觀察老人的頭部，髮髻雕刻可謂自然與人工的合一，謂之天然去
雕飾，功到自然成。面部、鬚鬢刻畫極為細緻，籃筐、籃系及足部也皆有體現，可稱得上分毫不差。衣服
的褶皺感、衣帶、身體前部的肋骨、全身的肌肉、手部足部、藥材等刻畫極為精妙，非常之傳神，仿佛自
然而就。此外，手扶的花籃中滿盛碩果，有壽桃、靈芝和仙草，隱寓"群仙祝壽"之意。北京故宮博物院
藏一件封氏雕採藥老人和此件極為類似。此件作品無論髮絲、衣帶的刻工，還是神情等無不帶有飄逸出塵
之感，極有可能出自清宮造辦處封氏之手，是康熙時期的竹刻精品。

KANGXI PERIOD, QING DYNASTY   A BAMBOO FIGURE PICKING UP HERBS

Provenance：Lot 86, Sotheby's London, December 2, 1997

高：15.7cm

RMB: 500,000—800,000

來源：倫敦蘇富比第 86 號，1997 年 12 月 2 日。
參閱：1.《尚象成形—中國傳統竹雕藝術》第 155 頁，台北歷史博物館，1987 年。
　　　2.《故宮經典—故宮竹木牙角圖典》第 35 頁，故宮出版社，2013 年。

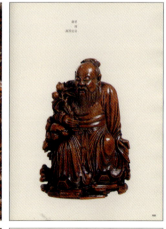

此拍品背面局部圖

1122

清早期·竹雕一鷺蓮科紋水洗

說明：此件竹雕水洗，橢圓式扁腹，其雕刻工藝精湛，水洗內部掏
　　　腔規矩流暢，圈口隱起線。水洗外壁刻作滿工，一氣呵成。
　　　以水波紋鋪底，荷葉荷花密佈四周。荷葉之間，一隻白鷺時
　　　隱時現。白鷺與"路"諧音，蓮花與"連"諧音，為一路連
　　　科題材，以此求功名利祿。底起圈足，周飾蓮瓣紋。上下呼
　　　應，分外協調。
　　　整件水洗雕工精美，皮色紅潤，竹面收縮自然，為文房竹刻
之精品。

EARLY QING DYNASTY A BAMBOO 'LOTUS' BRUSH WASHER

Provenance: Previously collected by an antique company.

高：4.5cm　　通徑：16cm

RMB: 80,000－120,000

來源：文物公司舊藏。

參閱：《故宮博物館藏文物珍品全集·五彩·鬥彩》第27頁，上海
　　　科學科技出版社，1999年。

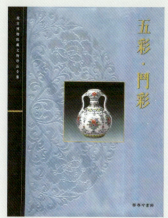
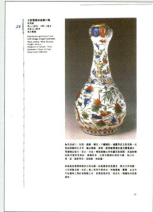

1123

清·竹雕荷蟹圖香筒

說明：器圓筒式，並有红木頂托。下端頂托有凸榫，與器身插接，上端頂托以蠟粘接。香筒滿雕荷花荷葉，於方寸間經營安排，煞費苦心。花與葉的層次、位置、穿插、向背，繁而不亂，顯示出高妙的匠意。踞於荷葉上的小小河蟹成為構圖的點睛之筆，刻劃生動細膩，增添了畫面的趣味。筒身雕鏤多至六重，與陰刻相配合，刀法圓熟，磨工精到，不露刀痕，具有明末清初竹刻的典型風格。此香筒的製作精益求精，卻不流於瑣碎賣弄，實為難能可貴。

QING DYNASTY　A BAMBOO 'LOTUS' INCENSE HOLDER

高：23.5cm

RMB: 20,000－30,000

參閱：《故宮文物珍品大系·竹木牙角雕刻》第10頁，上海科技出版社，2001年。

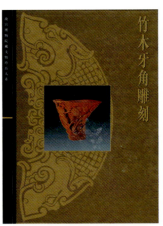

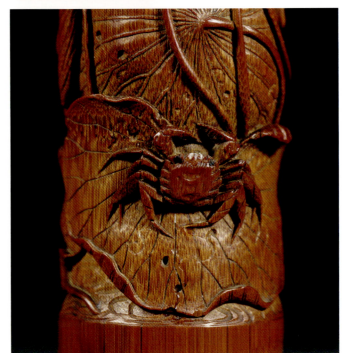

1124

清·錢大昕製竹雕詩文筆筒

銘文：朱文公因吃茶罷曰：物之甘者，吃過必酸，苦者吃過卻甘。茶本苦物，吃過卻甘。問此理如何曰：也是一個道理，
　　　如始於憂勤，終於逸樂，理而後和。錢大昕書。

說明：筆筒整取一段竹節製作而成，竹質細膩，筋脈如絲。經百年摩挲，包漿紅潤油古。筒身纖細，內壁卻厚實，實屬難得。
　　　口沿呈泥鰍背，筒身微束腰，下承三足。

QING DYNASTY　A BAMBOO BRUSHPOT WITH INSCRIPTION MADE BY QIAN DAXIN

高：11.4cm　口徑：5.5cm

RMB: 30,000－50,000

作者簡介：錢大昕（1728～1804），清代史學家、漢學家。字曉征，一字辛楣，號竹汀。漢族，江蘇嘉定（今上海嘉定
　　　人）。錢大昕是中國十八世紀最為淵博和專精的學術大師，他在生前就已是飲譽海內的著名學者，不專治一經，
　　　而無經不通；不專攻一藝，而無藝不習。擅竹刻，《竹人錄》錄之。

錢大昕

1125

明天啟・沈大生製竹雕東山捷報圖山子

銘文：天啟六年仲夏，大生製。

說明：此件作品描繪了東晉名仕謝安于淝水之戰之際，與友人閒情自若對弈的故事。此件作品的節奏感與故事性極佳，
　　　山下兩信使爭先恐後，策馬奔馳在穀道林間，高舉信旗，似是要向山上告捷，實為動；而山上謝安攜友于松竹山
　　　石間對弈，談笑風生，沉著鎮定，實為靜；動靜相生，使這件作品在視覺上更具有韻律。背面立峰處，陰刻"天
　　　啟六年仲夏，大生製"，為沈大生所製。沈大生活躍於明萬曆，明天啟年間，至康熙年間猶在。沈大生承嘉定三朱"深
　　　刀刻法，即湊刀深峻，窪隆淺深，可五六層"，尤擅朱氏鏤雕法。香港藝術館出版的《中國竹刻藝術》畫冊收錄
　　　的作品《圓雕蟾蜍》及上海博物館藏《竹雕庭院讀書圖筆筒》都為沈大生的傳世之作。在技法上，此件作品參酌
　　　了高浮雕、透雕等技法，平刀與圓刀融合呼應，在石崖與松樹的雕刻上尤見其功力。人物周圍的深雕所營造的空
　　　間感正好突出了主體人物，進一步增強了故事性描述，為嘉定派之所長。原配楠木座。

TIANQI PERIOD, MING DYNASTY　A BAMBOO CARVING GROUP MADE BY SHEN DASHENG

帶座高：29.2cm　高：26.3cm

RMB: 50,000－80,000

參閱：《竹鏤文心——竹刻珍品特集》第 40、41 頁，上海博物館編，上海書畫出版社，2012 年。

作者簡介：沈大生［明］，字仲旭，又字禹門，號禹川，江蘇嘉定（今屬上海市）人，能詩善畫，多才多藝，繼承嘉定
　　　　　派朱氏的雕竹技藝，與同裡周約之並為明代遺民。上海博物館藏有沈大生浮雕"庭園讀書圖"筆筒一件。

1126

清早期・姜貞刻竹雕山水人物詩文筆筒

銘文：山中百歲老，曾見辟雍流。懶說前朝事，清泉照白頭。羊石。羊石（朱）。

說明：此件竹雕筆筒，竹質如玉，皮色朱紅，包漿凝潤，為明末清初典型皮殼。而雕工上，道法老辣，
　　　承嘉定朱稚征鏤雕之工法，湊刀所刻線條看似寥寥，卻立現山勢之峻，而松石高士間以鏤
　　　空技法來營造人物與山水的空間感。羊石所題詩"山中百歲老，曾見辟雍流。懶說前朝事，
　　　清泉照白頭。"，與高士淡泊慵懶的神態相呼應，達詩中有畫，畫中有詩之境界。

EARLY QING DYNASTY　A BAMBOO BRUSHPOT WITH LANDSCAPE AND FIGURE PATTERNS ENGRAVED BY JIANG ZHEN

高：12.4cm　直徑：6.4cm

RMB: 30,000－50,000

作者簡介：姜貞［清］，字羊石，浙江金華人。活躍於明代末年及清代初期。工篆刻，善治印。

清竹根箋筒探絲 篆刻閒章之件

1132

清‧竹雕香筒及閑章一組七件

印文：1. 文章有神交有道。
　　　2. 修學務早。
　　　3. 奇而灋。
　　　4. 清妙。

說明：此組竹根雕選材考究，皮殼光潤朱亮。五件閑章，或鏤空雕刻獸鈕，或隨型如山子，或依竹瘤順勢而作。墨床擺件，鏤雕人物，小巧精緻。而竹香筒整器滿工，較為少見，浮雕人物神態各異，山石蝠雲為清代早期工藝典型工藝。香筒口沿密合，薄意雕西遊記題材，拾趣於精工，愜意于自然，此組竹雕兩者皆有所長，寄文人雅玩之樂。原配舊錦盒及舊題簽。

QING DYNASTY   A BAMBOO INCENSE HOLDER, A BAMBOO TABLE SCREEN AND FIVE ENTERTAINING BAMBOO SEALS

尺寸不一　數量：7
RMB: 50,000－80,000

1133

清・英石橫峰賞石

說明：英石以其自然崎嶇的體態，抽象與具象結合的表現力以及靈動禪意的藝術情趣，從宋代起就成為
文人文化的典型意象。《中國觀賞石》中提到："英石灰黑色為多，間有白色，石質堅硬，體態嶙峋，
棱角縱橫，紋理細膩，具天然的丘壑皺"。瘦、皺、漏、透皆具者最佳。此件橫峰賞石抽象意蘊濃厚，
置於案頭，其影投於粉牆竹窗之側，靜若淩峰，動若遊龍。原配楠木座。

QING DYNASTY　A 'YING' ROCK ORNAMENT AND A NANMU WOOD STAND

Provenance: Previously Suzhou Antique Company.

帶座高：24.6cm

RMB: 80,000－120,000

來源：蘇州文物公司舊藏。

1134

清·英石供石擺件

說明：原配紅木底座。

QING DYNASTY A 'YING' ROCK ORNAMENT AND A MAHOGANY STAND

帶座高：4.9cm 高：4cm 長：22cm

RMB: 10,000—20,000

1135
清·白玉雕仿太湖石詩文山子把件

銘文：念我仇池太孤絕，百金歸買玉玲瓏。

說明：山子擇白玉鏤空而製，仿太湖石玲瓏巧異之貌，上有楷書詩句，引自蘇東坡《壺中九華詩》。原
配紅木底座。

QING DYNASTY   A WHITE JADE CARVING GROUP WITH INSCRIPTION AND A
MAHOGANY STAND

帶座高：8.2cm   高：7cm

RMB: 30,000－50,000

拍品銘文

1136

清·英石供石擺件

說明：英石之妙，在于皺瘦漏透醜，作爲案頭觀賞之物，主人旦坐書房，如置山水之間也。英石之美亦
　　　常被古人吟誦，宋·趙希鵠《洞天清祿集》云"怪石小而起峰，多有岩岫聳秀欽嵌之狀，可登几
　　　案觀玩，亦奇物也。"亦如此英石，石勢生風，氣韻蒼古，取天然之形，似仙山名嶽。溝壑叢生，
　　　筋骨處，如見天地之格，盡顯皺之妙趣，此英石擺件極盡變換，縮千裏于案頭，令人遐想。原配
　　　紅木底座尤爲難得。

QING DYNASTY   A 'YING' ROCK ORNAMENT AND A MAHOGANY STAND

帶座高：43.6cm

RMB: 120,000－180,000

1137

清康熙·康熙年製款螭龍紋松花硯

款識：康熙年製

說明：清聖祖於康熙二十八至四十一年（1689～1702年）間獨具慧眼，將產於東北"龍興之地"的松花石提升為硯材，
命工匠雕琢後，取墨試磨，發現其發墨效果遠勝綠端。清宮使用松花石製硯，集中於康、雍、乾三朝，此後硯材
質差，且清宮亦無力經營。因此存世量極少。松花石硯被清代帝王視作"品埒端歙"，在清宮諸類藝術品中地位殊高，
僅為皇室御用或賞賜功臣。此件硯臺取用優質松花石料製作而成。松花硯結構堅實，然此硯雕琢精良，品格不凡，
精巧雅致至極。原配紫檀盒。

KANGXI PERIOD, QING DYNASTY   A SONGHUA INKSTONE WITH 'CHI' PATTERN AND 'KANGXI' MARK

高：1.4cm   長：10.2cm   寬：7.2cm

RMB: 180,000－300,000

清康熙·康熙年製款螭龍紋松花硯

1138

清雍正·白玉雕螭龍鈕璽

印文：公聽並觀（朱）

說明：清代皇室用璽印種類繁多，除正式場合規格嚴謹的年號、宮殿、鑒藏外，多為御書鈐用，與文人書齋篆刻相同，皇室印也有字型大小、齋館、紀年遣懷及箴言吉語之分。印面之"公聽並觀"四字，線條優美，構成典雅韻動的奏刀刻法，空間佈局疏朗開闊而又不失其形。

此璽以白玉為材，整體圓雕呈四方形，玉質溫潤，潔白純美。此璽一角帶有些許玉皮，形制規整，其上圓雕一盤螭龍作鈕。螭龍扭身前望，方嘴短耳，面部雕工精細，表情細膩傳神，肌骨飽滿有力頗具古代遺風。此璽當為皇室成員作為閒章為用之物。

清代雍正帝在位的 13 年間，君臣間使用秘密奏摺言事而形成了一套完整的制度，它不僅在中國政治制度史上有著非常獨特的地位，而且對雍正朝乃至有清一代都產生了重大而深遠的影響。大清大型編年體史書《東華錄》中曾指出雍正"無非公聽並觀，欲周知民間之情形耳"這一密折制度。有關民生的大小事情，哪個地方有什麼秘密結社，都要及時密報。而且雍正"公聽並觀"的策略也鼓勵大臣用密折舉薦可用人才，"不必拘定滿漢，亦不限定資格"，往往予以破格任用。

YONGZHENG PERIOD, QING DYNASTY   AN IMPERIAL WHITE JADE 'CHI' SEAL

Provenance: 2010 Spring Auction, Lot 151, Christie's London

高：2cm　長：3.3cm　寬：3.2cm

RMB: 450,000—650,000

來源：倫敦佳士得，2010 春季拍賣會，Lot151。

雍正皇帝

清·潘祖蔭舊藏張廷濟銘摹紅崖天書石板

邊款：嘉興叔未張廷濟。

說明：紅崖天書，原名"紅岩碑"，是貴州省安順市的一處景觀，位於關嶺布依族苗族自治縣城東約十五公里曬甲山半山。清道光《永寧州志》載："曬
甲山即紅岩後一山也，崔巍百丈……俗傳武侯南征曬甲於此。"故又稱"紅岩山"。在這壁紅崖北面的一隅，數十平米的峭崖上，有若干
形如鐘鼎古籀的符號。字畫混體，大者如斗，小者如升，非雕非鑿，如篆如隸，筆勢古樸，結構奇特，雖排列無序，卻錯落有致，大有"上
儕禹碑，下陋秦石"的磅礴之氣。明代嘉靖年間邵元善遊歷至此，寫下《紅岩》一詩："紅崖削立一千丈，刻畫盤旋非一狀。參差時作鐘鼎形，
騰擲或成走飛象。諸葛曾為此駐兵，至今銅鼓有遺聲。即看壁上紛奇詭，圖譜渾領尚且盟。"這是目前文獻中對天書最早的記載。對其識
別破譯自清代金石學興起一直至今，說法不一。有稱此是古彝人文字，有言是建文帝所留《伐燕詔檄》等。清道光潘祖蔭曾收有高一丈八尺，
闊兩丈四尺的拓片，並有縮印本流傳。此石板上即紅崖天書縮印，原配紅木老座。

QING DYNASTY   A STONE BOARD INSCRIBED BY ZHANG TINGJI AFTER *HONG YA TIAN SHU*

Provenance: Previously collected by Pan Zuyin.

帶座高：13.5cm   直徑：37.2cm

RMB: 60,000－80,000

來源：潘祖蔭舊藏。

銘者簡介：張廷濟（1768～1848），原名汝霖，字順安，號叔未，晚號眉壽老人，室名八甎精舍，浙江嘉興人。嘉慶三年解元。金石學家、書畫家。
　　　　　精金石考據之學，收藏鼎彝、碑版書畫甚豐。

藏家簡介：潘祖蔭（1830～1890），字伯寅，又字東鏞、鳳笙，號鄭盦，室名八囍齋、功順堂、滂喜齋、江蘇吳縣人。咸豐二年探花，授編修，
　　　　　累遷侍講學士。官至工部尚書，軍機大臣，加太子太保銜。富收藏，善書法。

潘祖蔭

張廷濟

紅崖天書

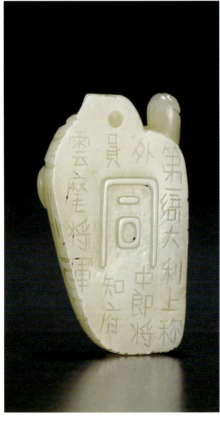 

1140

明·白玉刻銘文虎符

銘文：漢東平侯軍。雲麾將軍，員外，知府，中郎將，
第一口大利上稱。同。容。

MING DYNASTY　A WHITE JADE TALLY

高：3cm　長：4.8cm

RMB: 30,000－50,000

1141

清中期·白玉雕靈芝翠竹紋臂擱

說明：臂擱下卷形，正面浮雕靈芝翠竹紋圖案，造型別致，紋飾高潔風雅，
　　　線條生動流暢，玉質細膩，是一件十分難得的玉雕文房藝術精品。

MID-QING DYNASTY   A WHITE JADE WRISTREST
WITH GANODERMA AND BAMBOO PATTERNS

長：14.2cm　寬：4.9cm

RMB: 30,000－50,000

參閱：《故宮博物院藏文物珍品全集·玉器（下）》第158頁，上海科學
　　　技術出版社，1995年

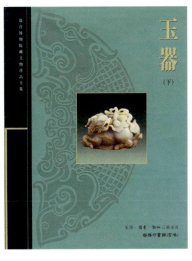

1142

清早期・翡翠雕歲寒三友筆筒

說明：筆筒呈竹節形，筒身浮雕松樹及梅花及雀鳥，鑄刻細膩，線條俐落，磨礱圓熟。
　　　構圖以歲寒三友連理同椿，而各顯奇姿。

EARLY QING DYNASTY　A JADEITE BRUSHPOT WITH PINE TREE,
PRUNUS AND BAMBOO PATTERNS

高：11.3cm

RMB: 20,000－30,000

1143

清中期 · 紅翡雕福祿壽筆舔

說明：紅黃色翡為褐鐵礦浸染翡翠所致，紅翡多為玉石的表皮部分，又稱 "紅皮" 或 "紅霧"。天然質好色好的紅翡玉難得一見，可遇而不可求。紅翡一般可在雕件中作俏色雕琢，有時與翠色和紫羅蘭色共存在同一塊玉石中，俗稱 "福祿壽翡翠" 或 "桃園三結義"，倘若 "水" 好質佳，則價格不菲。原配紫檀座。

MID-QING DYNASTY   AN ORANGE JADEITE ORNAMENT AND A ZITAN STAND

帶座高：4cm   高：1.5cm   長：7.4cm

RMB: 30,000－50,000

1144
清·趙穆銘紅木文具盒

銘文：二月江南鶯亂飛，百花滿樹柳依依。落紅無數迷歌扇，嫩綠多情妒
舞衣。金鴨焚香川上暝，畫船撾鼓月中歸。如今寂寞東風裡，把酒
無言對夕暉。琴鶴生。

QING DYNASTY A MAHOGANY STATIONARY CASE
INSCRIBED BY ZHAO MU

高：6.7cm 長：13.5cm 寬：7.7cm

RMB: 15,000－20,000

銘者簡介：趙穆（1845～1894），原名垣，字穆父，牧父，又字仲穆，號
穆園，別署穆庵、老鐵、印候、琴鶴生等，江蘇毘陵人。性高
曠，工書善畫，精刻竹。

1145

清乾隆・李簧銘骨製筆架

銘文：帝筆墨之勳，效文字之靈。李簧（朱）。

說明：骨質筆架形制古樸雅致，原配木座。

QIANLONG PERIOD, QING DYNASTY A BONE BRUSH HOLDER INSCRIBED BY LI HUANG

帶座高：8.3cm　高：7.3cm

RMB: 50,000－80,000

銘者簡介：李簧，字以雅，一字鹿萍，號梅樓。單縣人。乾隆三十三年（1768）舉人，二甲第八名進士，選庶吉士，散館授編修。著有《史垣集》《梅樓詩存》十六卷、《退園集》《古詩說》三十卷。一生淡泊名利，甘守田園，晚築別墅，書有"退園"匾額。爲清一代名士。

1146

清·翟繼昌銘黃楊木刻煙波釣叟墨床

銘文：煙波釣叟。琴峰。

說明：該墨床原配日本舊盒。

QING DYNASTY A BOXWOOD
INKSTICK HOLDER WITH FIGURE
PATTERN INSCRIBED BY ZHAI
JICHANG

高：2.1cm 長：7cm 寬：2.7cm

RMB: 10,000－20,000

銘者簡介：翟繼昌（1770～1820），字念祖，一
字墨臞，號琴峰，浙江嘉興人，寓
居吳門（今江蘇蘇州）。書畫家翟大
坤之子，畫承家學，弱冠時已工畫，
山水蒼潤，晚年仿吳鎮、沈周兩家
筆意，頗有思致。長於小品，力量
雖遜乃翁，而神韻差勝。兼善花卉
人物，亦能吟詩，古雅有致。嘉慶
十二年（1807）仿仇十洲為沈周、
文徵明、唐寅寫像。嘉慶二十二年
（1817）仿唐寅山水圖。《墨林今話》
《清畫家史詩》等著錄。

1147

清·五峰山人銘紅木嵌白玉詩文墨床

銘文：花枝出建章，鳳管發昭陽。借問承恩者，
雙蛾幾許長。五峰山人。白仁（朱）。

QING DYNASTY A WHITE JADE-
INLAID MAHOGANY INKSTICK
HOLDER WITH INSCRIPTION
INSCRIBED BY WUFENG SHANREN

高：2.4cm 長：8.5cm

RMB: 10,000－20,000

銘者簡介：文伯仁（1502～1575），字德承，
號五峰山人，長洲（今蘇州）人，
文徵明侄兒。工畫，山水效王蒙，
學三趙，筆力清勁，巖巒茂密。亦
善畫人物，能詩。是文派的第一傳人。

1148
清‧楠木嵌白玉蘭花紋墨床

說明：古代中國關於墨床的記載始見於清代，
又稱墨架、墨台，是專門用來承擱未幹
墨錠的小案架，因墨磨後濕潤，亂放容
易玷污他物，故製墨床以擱墨。本件墨
床雖為文房小器，卻有大樣，以端莊、
形美、玉潤取勝，加之紋飾精美，代表
了其時期高超的玉雕工藝水準，應為清
代玉作佳品。此件墨床以楠木為材，嵌
以上好和田白玉。玉質細膩，包漿潤澤。
整器作書卷式，桌面隨形開光內減地雕
一枝蘭花，枝葉秀雅舒展，清氣四溢。

QING DYNASTY　A WHITE-JADE
INLAID NANMU WOOD INKSTICK
HOLDER WITH ORCHID PATTERN

高：1.7cm　長：8cm　寬：5cm
RMB: 30,000－50,000

1149
清‧白玉雕梅花卷几墨床及青白玉雕圓形三足硯一組兩件

銘文：生香

說明：該玉硯玉質青碧，其圓規整，三足雕花
卉紋飾，硯堂深挖璜形，愈填古拙之氣。
而白玉墨床造型簡潔利落，方中帶圓，
為清代墨床中常見式樣。

QING DYNASTY　A TRIPOD PALE
CELADON JADE INKSTONE AND
A WHITE JADE INKSTICK HOLDER
WITH PRUNUS PATTERN

1 高：1.8cm　長：7.5cm
2 直徑：11cm
數量：2
RMB: 10,000－20,000

1150
清·朱為弼銘黃楊木雕梅花詩文卷几式墨床

銘文：古梅愈老愈精神，霜自為餐雪自珍，寒到十分清到骨，始知明月是前身。小山三兄大人正。茶堂
朱為弼。茶堂（朱）。問梅消息（白）。

QING DYNASTY   A BOXWOOD INKSTICK HOLDER WITH PRUNUS PATTERN
INSCRIBED BY ZHU WEIBI

高：2cm   長：19cm
RMB: 10,000－20,000

銘者簡介：朱為弼（1770～1840），字右甫，號茶堂，又號頤齋，浙江平湖人。為弼通經學，精摹金石之學，
尤嗜鐘鼎文。清嘉慶二年，阮元督學浙江，創辦詁經精舍，聘請為弼參與修輯《經籍纂詁》，
並為阮元所撰《積古齋鐘鼎彝器款識》稿審釋、作序、編定成書。嘉慶十年進士，授兵部主事，
遷員外郎。

1151

清·白玉雕鳳紋包袱形硯

說明：硯身淺刻包袱繩纏繞周邊，寓意"玉帶纏腰"。此硯利用巧妙的設計和繁復的雕琢將玉質的特性
　　　發揮到了極致，同時又具有寫實的相生質感，叫人嘆為觀止。

QING DYNASTY　A PARCEL-SHAPED WHITE JADE INKSTONE WITH PHOENIX
PATTERN

高：1.6cm　長：14.9cm　寬：8.5cm

RMB: 30,000－50,000

1152

清乾隆·乾隆年製款白玉雕福壽靈芝紋水洗

款識：乾隆年製

說明：白玉為材，緻密溫潤。器身浮雕五蝠及靈芝數枝，底座亦雕靈芝，伴壽桃數枚，取"五蝠賀壽，
　　　福壽雙全"之意。整器紋飾協調，刻畫簡潔，堪為案上珍品。配紫檀嵌象骨座。

QING DYNASTY　A WHITE JADE BRUSH WASHER WITH GANODERMA
PATTERN AND 'QIANLONG' MARK, WITH A ZITAN STAND

帶座高：4.6cm　高：2.7cm　長：13.7cm
RMB: 20,000－30,000

明·項子京家珍藏款白玉雕鳳紋香盒

銘文：項子京家珍藏

說明：白玉香盒，雕琢工整，蓋面分三層，邊沿雷紋與如意雲紋間隔；迴紋圍繞飛鳳紋。蓋底雕"項子京家珍藏"。項元汴（1525～1590），字子京，號墨林，秀水（今嘉興）人。項元汴博雅好古，尤精於鑒賞，其收藏之豐，精品之多，當世無出其右，故文人雅士常往拜訪，與文徵明之子文彭友好。

MING DYNASTY A WHITE JADE INCENSE CASE WITH PHOENIX PATTERN AND 'XIANG ZIJING' MARK

Provenance: Previously collected by Xiang Zijing.

高：1.3cm　直徑：8.4cm

RMB: 30,000－50,000

1154

明 - 清 · 夏蓮居舊藏銅嵌銀絲蟾形水盂

說明：蟾蜍寓意"蟾宮折桂"，所以古代文人仕子實用的文房器具常以蟾蜍為題材。
此件三足金蟾水盂為銅質，金蟾雙目圓睜，蟾身以嵌銀絲工藝裝飾。金蟾造型飽滿敦厚，體現
了文人的清雅文趣。

MING DYNASTY-QING DYNASTY   A SILVER-INLAID BRONZE 'TOAD' WATERPOT

Provenance: Previously collected by Xia Lianju.

高：5cm

RMB: 35,000－50,000

來源：夏蓮居居士舊藏。

藏者簡介：夏蓮居居士，本名夏繼泉，字溥齋，號渠園。中年以後專修淨業，改名蓮居，又號一翁。
山東鄆城人，清朝雲南提督夏辛酉之長子。二十世紀傑出的佛教學者和淨宗行人，是繼劉
遺民、楊無為、王龍舒、袁宏道、周安士、彭際清之後的又一淨宗在家大德。

夏蓮居居士

1155

元 - 明・玉雕瑞獸筆插

說明：筆插，用於放置毛筆的文房用具。明文震亨《長物志》明確描述了筆插的形制："鼓樣，中有孔插筆及墨者"。之後由於筆筒的出現，到清中以後，逐漸退出文房用具之列。材質常見瓷、玉、銅、木質等。

筆插為黃白色玉質，棕色沁斑密佈。瑞獸呈臥姿，兩目圓睜，雙肩有翼。獸脊聳起一圓孔，為插筆處。瑞獸造型拙樸敦厚，色澤古舊，體現了文人摹古的情思。

YUAN DYNASTY–MING DYNASTY　A JADE 'BEAST' BRUSH HOLDER

高：6.9cm　長：11cm　寬：5cm

RMB: 55,000—65,000

1156

宋·白釉雙魚洗

說明：雙魚洗以洗心裝飾雙魚戲水故名，為宋代典型器物，在定窯、龍泉窯、湖田窯等窯口均多有燒製。
雙魚不僅是佛教的八吉祥之一，也寓意"多子多福"、"魚躍龍門"、"連年有餘"，為傳統吉祥裝飾。
洗芒口、折沿、弧壁、平底。通體施白釉，僅口沿無釉，為覆燒法燒製。盤心刻花雙魚紋，兩條
魚遊於水波之中，姿態生動。

SONG DYNASTY   A WHITE-GLAZED BRUSH WASHER WITH TWO-FISH
PATTERN

高：3.4cm   直徑：12.7cm

RMB: 30,000－50,000

1157

宋‧臨汝窯葵形洗

說明：臨汝窯位於今河南臨汝，和汝窯窯址相距不遠，都位於河南中部。雖為民窯，當時極有可能也曾
　　　為宮廷燒造過貢瓷。其產品分為兩類，一類印花，風格類似於耀州窯。另一類則光素無紋，風格
　　　類似於汝窯。這件洗的造型和燒製方式都與汝窯有相似，不加裝飾，以器型和釉色取勝。

SONG DYNASTY　A LOBED BRUSH WASHER, FROM LINRU KILN

高：2.6cm　直徑：12.2cm

RMB: 50,000－80,000

1160
五代・越窯南瓜形水滴

說明：越窯創燒於漢，在唐代就已極負盛名。所謂"南青北白"，南青指的就是越窯青瓷，有"千峰翠色"之美譽。越窯產品以唐五代至北宋早期最為精彩，這件五代越窯南瓜形水滴為越窯難得一見的文房品種，造型精巧可愛，枝葉刻花細膩，小支釘墊燒，製作講究。

高：4.3cm 直徑：7.4cm
RMB：10,000—20,000

FIVE DYNASTIES A 'PUMPKIN' SCHOLARLY OBJECT, FROM YUE KILN

1159
明・哥釉筆架

說明：哥釉亦稱仿哥窯，為元明清時期模仿宋代哥窯釉色所燒造的瓷器品種。哥窯是宋代五大名窯之一，其釉色沉厚細膩，光澤瑩潤，凝膩的釉面間迸裂有大小不一的網紋，或密或疏，網紋之色淺黃宛若金絲，黑者如鐵線，二者互相交織，因而得名"金絲鐵線"。其備受後世青睞，仿製者頗多。筆架通施哥釉，器身佈滿細密開片，裂紋處呈淺黃色，底部露棕紅色胎。筆架為擱置毛筆之用，常置於書房案頭，盡顯文人氣息。

高：3.7cm 長：11.5cm
RMB：10,000—20,000

MING DYNASTY A 'GE' BRUSH HOLDER

1158
南宋・湖田窯童子抱瓜硯滴

說明：湖田窯是宋代著名窯口，以燒製如冰似玉的青白瓷著稱。因其瓷土洗白，故可以燒製出極為精緻貌美的文房瓷器。童子抱瓜盤坐，頭微斜，神態俏皮可愛。瓜果是世代綿長、子孫萬代的象徵，整體造型生動形象，妙趣橫生。

高：8cm
RMB：10,000—20,000

SOUTHERN SONG DYNASTY A 'BOY AND MELON' SCHOLARLY OBJECT, FROM HUTIAN KILN

1161

元·龍泉窯青釉人物硯滴

說明：龍泉窯為宋代六大窯系之一，其窯址位於今浙江省龍泉市。以燒製青瓷著稱，其創燒的粉青釉和梅子青釉最為著名。本品即為典型的梅子青釉。南宋中晚期，龍泉青瓷進入鼎盛時期，一直持續至元末明初。文房類瓷器也多燒製於這一時期。硯滴為人物坐像，人物表情傳神，衣紋飄逸灑脫，姿態悠閒。腹中空，背後有管流狀出水口。通體施翠青釉，釉水肥厚，底部露胎處佈滿火石紅。

YUAN DYNASTY A 'LONGQUAN' CELADON-GLAZED SCHOLARLY OBJECT
WITH FIGURE PATTERN

高：7.2cm

RMB: 10,000—20,000

1162
清 · 紫檀長方案几

QING DYNASTY A ZITAN STAND

高：8.1cm　長：34.9cm　寬：17.3cm

RMB: 10,000—20,000

清 · 紫檀長方案几

QING DYNASTY A ZITAN STAND

1163

清·玳瑁雕歸隱圖香盒

說明：香盒以玳瑁製成，子母口。盒壁處透雕技法刻船舶、樹林、村落、山水等。盒正面底部均減地淺
　　　浮雕房屋樹木，人物小景，蔚然一副清代生活場景。

QING DYNASTY　A HAWKSBILL INCENSE CASE WITH LANDSCAPE PATTERN

高：2.7cm　直徑：9.3cm

RMB: 50,000－80,000

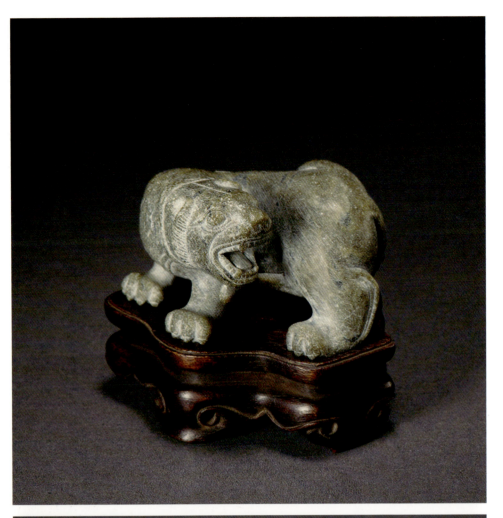

1164

清·豹斑石瑞獸擺件

說明：配紅木座。

QING DYNASTY A 'LEOPARD'
STONE BEAST AND A MAHOGANY
STAND

帶座高：9.2cm 高：5.7cm
RMB: 10,000－20,000

1165

唐·豹斑石粉盒一組兩件

說明：《唐本草》記載："其出掖縣者，理粗質
青白黑點，亦謂之斑石，初出柔軟，彼
人就穴中製作，用力殊少也。"豹斑石使
用年份稍早，唐代最多，宋已少見，後
世鮮有。至唐代已不入藥用，雕刻生活
賞玩器物頗多。此豹斑石粉盒即屬此類
生活器物，蓋盒一大一小，子母口，形
狀飽滿圓鼓，包漿瑩潤，其上形狀不一
的石斑紋散布，古樸雅致，加之年份久
遠所蘊含的古拙感，使之別具韻味，充
分顯示了唐代豹斑石獨特的藝術魅力。

TANG DYNASTY TWO 'LEOPARD'
STONE POWDER CASES

1. 高：3.7cm 直徑：8.5cm
2. 高：2.4cm 直徑：5.7cm
數量：2
RMB: 30,000－50,000

唐・豹斑石八棱瓶

說明：豹斑石是和滑石、鎂礦伴生的石料，斑點處富含鐵，因斑點似豹子皮而得名，又因自古美石爲玉，
故而也有豹斑玉的美稱。豹斑石材質十分稀有，多屬唐代器物，宋代已經很少，多見於西安、洛
陽等地。此豹斑石八棱瓶形制美觀，應爲生活玩賞供奉器物。

TANG DYNASTY   A RIDGED 'LEOPARD' STONE VASE

高：15.4cm　口徑：7cm

RMB: 30,000－50,000

1167
明·銅嵌銀絲雲龍紋四方香瓶

說明：此件方口香瓶，口沿與底部回紋相應，而中腹嵌雲龍紋。四方口瓶腹部飽滿，而身線條流暢，置
　　　於案頭成列，尤為雅緻。

MING DYNASTY　A SILVER-INLAID BRONZE VASE WITH CLOUD AND DRAGON
PATTERNS

高：11cm
RMB: 20,000—30,000

1168

清・銅嵌銀絲獸面紋花觚

說明：觚為商周酒器，也是重要的禮器之一，入宋以後，觚成為最流行的器類之一，而不斷被仿製。花
　　　觚作喇叭口，中腹外鼓，近底漸外撇。此器器形古雅雋逸，包漿溫潤醇厚，實為不可多得之佳品。

QING DYNASTY　A SILVER-INLAID BRONZE FLOWER HOLDER WITH BEAST
PATTERN

高：22.3cm　　口徑：16.9cm
RMB: 30,000－50,000

1169

清·碧玉雕螭龍耳瓶

說明：玉瓶色澤深綠，如碧潭春色，整雕而成，掏膛規整，瓶內外平整光滑。瓶撇口，斜肩，扁腹下收，
　　　腹部兩面裝飾兩條對稱龍紋，肩部與圈足均以回紋爲飾，左右對稱、上下呼應，設計考究精巧，
　　　呈現整體美感，頸壁兩側浮雕夔龍紋加強了仿古裝飾效果。整器形制秀雅，精工細琢，刀法明快
　　　老練，加之碧玉青翠色澤，尤爲可貴。原配紫檀底座。

QING DYNASTY   A SPINACH-GREEN JADE VASE WITH 'CHI' HANDLES

帶座高：17.8cm　高：15.6cm

RMB: 20,000－30,000

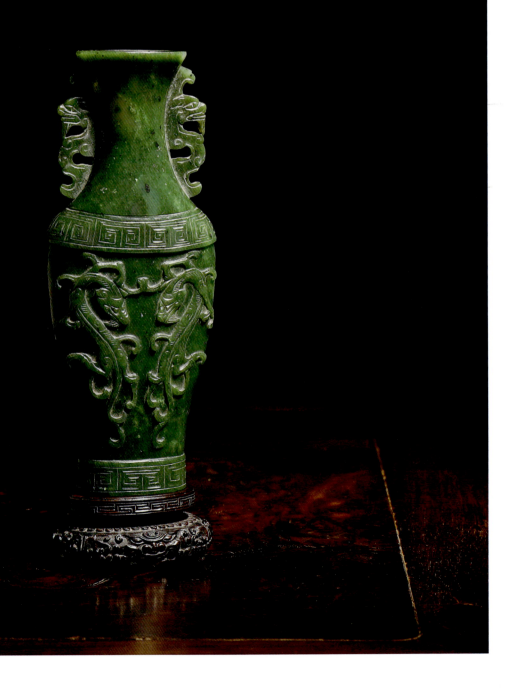

1170

明·龍泉窯飛青梅瓶

說明：瓷器中點褐彩裝飾由來已久，在漢時就已出現，而晚至宋代，龍泉窯將點褐彩裝飾發展到頂峰，褐色的點彩在青翠的釉色印襯下顯得神采飄逸。龍泉窯點褐彩裝飾的品種，在日本極受追捧，被美譽為"飛青瓷"。大阪市立東洋陶瓷美術館的一件元代飛青玉壺春瓶被日本人定為國寶，並稱讚其"釉色之青翠，點彩之節制，造型之優美，堪稱無與倫比。"

梅瓶通體施翠青釉，點褐彩裝飾。小口，豐肩，束脛，圈足，底足露胎火石紅。整器從口至足一道 S 形曲線，造型優美典雅。

MING DYNASTY   A 'LONGQUAN' CELADON-GLAZED VASE, *MEIPING*

高：24cm

RMB: 50,000－80,000

元代飛青玉壺春瓶 大阪市立東洋陶瓷美術館藏

1171

宋·奉文堂舊藏耀州窯嬰戲紋碗

說明：耀州窯是宋代六大窯口之一，窯址位於今陝西省銅川市。
耀州窯以犀利灑脫的刻工著稱，在北方青瓷中最負盛名。
碗侈口，斜弧腹，圈足。釉色青翠，釉面光滑溫潤透亮。
碗外壁飾一圈弦紋，碗內飾娃娃攀枝紋，周配以纏枝花卉
紋。花紋清晰，層次分明，紋飾滿密。娃娃形象生動瀟灑。
此器造型簡潔巧致，釉色青潤，紋樣形象，富於生活趣味。

**SONG DYNASTY A BOWL WITH FIGURE
PATTERN, FROM YAOZHOU KILN**

Provenance: 1. Lot 101, Bonhams Hong Kong, October 9, 2014
              2. Feng Wen Tang, Hong Kong

高：4.9cm 口徑：13cm

RMB: 50,000－80,000

來源：1. 香港邦瀚斯，2014 年 10 月 9 日，第 101 號。
      2. 香港奉文堂舊藏

藏者簡介：奉文堂為香港著名的收藏家、求知雅集的第一位女性
收藏家陳淑貞創辦，因其父名韓奉文，遂題奉文堂以
作紀念。其收藏眼力獨到，各類藝術品均有涉及。從
書畫到青銅禮器、竹木牙角、宋瓷，都收藏頗豐。經
過長年累月，其私人收藏引起世界各地頂級藏家的目
光。蘇富比、佳士得為其舉辦過多個個人專場。

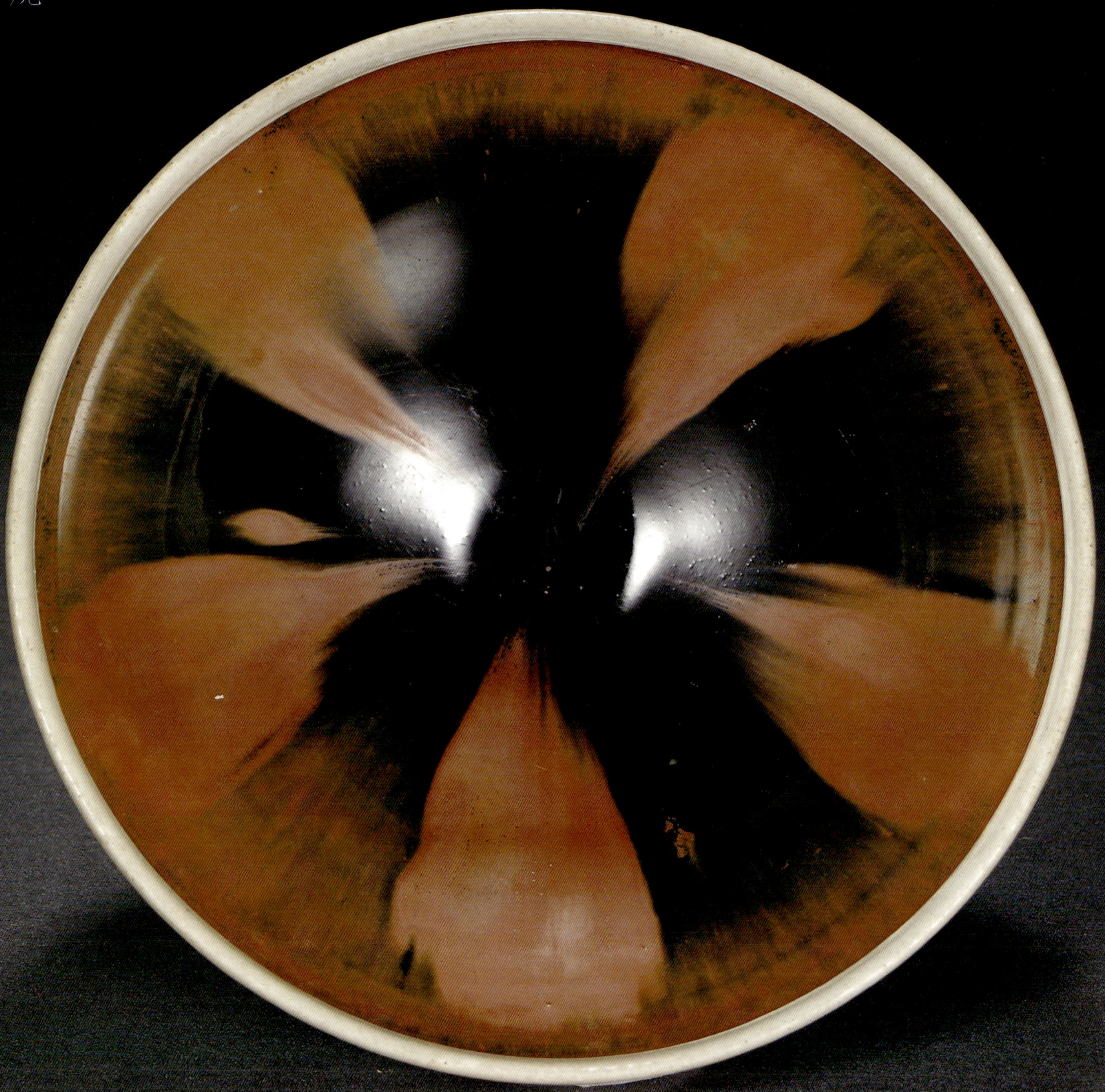

宋・磁州窑鐵銹花白覆輪碗

1172

宋·磁州窯鐵鏽花白覆輪碗

說明：磁州窯為宋代六大窯系之一，其窯址位於今河北省邯鄲市，即古磁州。磁州窯雖為宋代民窯，但
　　　其返璞歸真的藝術風格漸漸為世人所追慕，今年香港拍場上一件磁州窯的鐵鏽花瓶以 600 多萬高
　　　價成交，體現了磁州窯的市場價值越來越被重視。
　　　碗施黑釉，盞直口，釉厚垂於足上而止，內壁飾有鐵鏽花斑紋，呈現出顯著雲狀斑點，猶如節日
　　　夜空的禮花般繽紛，口覆白輪，黑白分明，即所稱之 "白覆輪" 工藝手法。研茶沏水，捧精美茶盞，
　　　侍奉身前，堪稱一時雅事。

SONG DYNASTY　A BLACK-GLAZED BOWL, FROM CIZHOU KILN

高：7.8cm　　口徑：18cm
RMB: 60,000－80,000

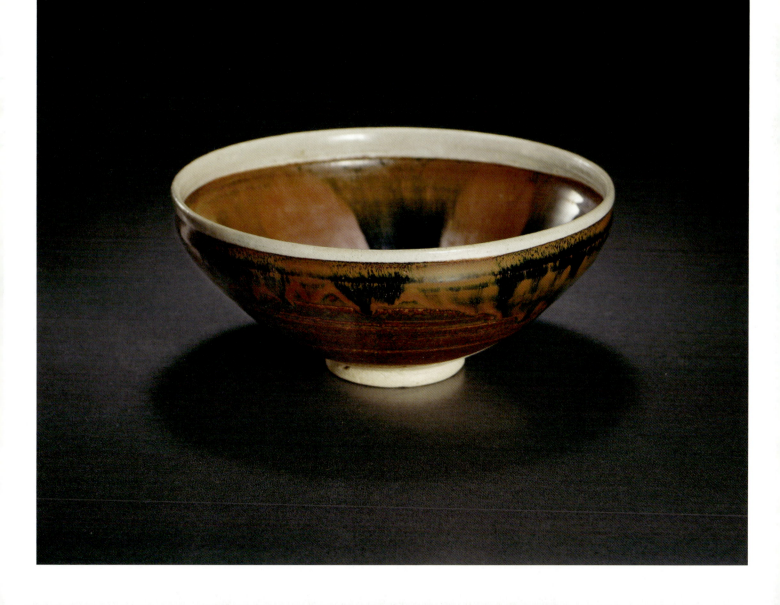

1173

南宋・龍泉窯貼塑梅花葵口盞

說明：龍泉窯為宋代六大窯系之一，其窯址位於今浙江省龍泉市。以燒製青瓷著稱，其創燒的粉青釉和梅子青釉最為著名，本品即為典型的粉青釉。盞葵口，弧壁，圈足，盞芯貼塑一朵梅花，通體施青釉，釉色青翠瑩潤，體現了南宋高雅的審美和生活意趣。同類器可參閱日本根津美術館藏南宋龍泉窯青瓷梅花盞。

SOUTHERN SONG DYNASTY A LOBED 'LONGQUAN' CELADON-GLAZED CUP WITH PRUNUS PATTERN

高：6.6cm 口徑：10.2cm
RMB: 35,000—50,000

參閱：《龍泉窯青磁展》第53頁，日本愛知陶瓷資料館，2002年。

1174

北宋·湖田窯高足盞及盞托一對

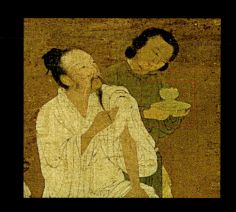

說明：湖田窯是宋代著名窯口，以燒製如冰似玉的青白瓷著稱。因其瓷土洗白，故可以燒製
　　　出極為精緻貌美的器物。盞托是湖田窯典型器物，上盞下托，盛茶時不會燙手，製作
　　　精良考究，與執壺（古稱注子）作為配套的茶具使用。
　　　此套茶盞與盞托共四件，器型是仿前朝金銀器皿，器物胎薄體輕，釉色介於青白之間，
　　　轉角折彎等聚釉的地方呈湖水綠色，釉薄的地方則顯白，處處彰顯出高貴典雅的氣韻。

NORTHERN SONG DYNASTY　A PAIR OF STEM CUPS AND SAUCERS, FROM HUTIAN KILN

通高：12.5cm　數量：4
RMB: 60,000－80,000

1175

南宋·建窯"供御"盞

款識：供御

說明：上世紀考古學家在福建建窯遺址出土了少量盞底刻有"供御"、"進盞"字款的古建盞殘片，經過
　　　學者研究證實這些刻有"供御"、"進盞"的建盞是宋代朝廷專門為皇家定製的貢盞。刻有"供御"
　　　字款的建盞器型精美，胎體厚重，釉色漆黑亮麗。此供御盞雖殘尤珍。

SOUTHERN SONG DYNASTY　A BLACK-GLAZED CUP WITH 'GONG YU' MARK,
FROM JIAN KILN

高：5.8cm　口徑：11cm

RMB: 45,000－60,000

1176

北宋·越窯刻花蓮瓣紋盞托

說明：越窯創燒於漢，在唐代就已極負盛名，所謂"南青北白"，南青指的就是越窯青瓷，有"千峰翠色"
之美譽。越窯燒製的盞托都極為講究造型美和裝飾美。

盞托呈六瓣花形，中起杯托，直口，內平，托外壁以深刻工裝飾蓮瓣紋，託盤底部圈足外撇，也
做六瓣花形，並刻劃花紋。整器胎質細膩，通體施青釉，釉色勻淨，積釉處呈碧色，如青玉般瑩潤。
託盤外形大氣秀美，深刻的蓮瓣紋肥厚立體，與滋潤的釉色渾然天成，是北宋越窯青瓷的代表作品。

NORTHERN SONG DYNASTY   A SAUCER WITH LOTUS PATTERN, FROM YUE
KILN

高：8.8cm   直徑：14cm

RMB: 50,000－80,000

1177

明·剔紅攜琴訪友圖茶倉

說明：茶倉一詞出自《明會典·茶課》："凡中茶有引由，出茶地方有稅，貯放有茶倉，巡察有御史，分
理有茶馬司、茶課司，驗有批驗所。設于河、洮、甘等州，西甯等衛，成都、重慶等府，以備召
商中茶，接濟邊餉，或實行茶馬貿易，充實軍馬"。茶倉後演變爲茶道中必不可少的器具之一，
作存放抹茶粉之用。此剔紅茶倉通體施以數層的紅色大漆，采用高浮雕技法，剔出錦紋爲地，上
面裝飾湖石，松柏，高士，梅花，一幅攜琴訪友圖赫然其上，其紋飾爲中國古代傳統繪畫題材，
中國著名畫家宋朝范寬，明朝戴進等都繪過此類題材作品，且日本崇尚中國漆器已久，故而推斷
此剔紅茶倉爲日本名門貴族在中國定製。

匠師依據盒形，構圖布局合理，紋飾遠近鮮明，雕刻層次清晰，疏朗繁密相間，保存如此完好者
頗爲難得，加之漆層深厚，費時頗多，工藝精湛，實爲佳品。原配日本木盒。

MING DYNASTY   A CINNABAR LACQUER TEA CANISTER WITH FIGURE
PATTERN

高：5cm　□徑：5cm

RMB: 40,000－60,000

1178

宋·湖田窯香盒及青釉印花印泥盒一組兩件

說明：兩件文房雅品，一件為湖田窯香盒，器形挺拔規整，釉色潔白瑩潤。一件為青釉印泥盒，蓋面及
　　　盒身花紋裝飾，通體施天青釉，釉面瑩潤，玉質感強烈。

SONG DYNASTY　AN INCENSE CASE, FROM HUTIAN KILN AND A CELADON-
GLAZED INK PAD BOX WITH FLORAL PATTERN

1. 高：5.7cm　直徑：7cm
2. 高：3.2cm　直徑：6.2cm
數量：2
RMB: 10,000－20,000

1179

明·龍泉窯牡丹紋香盤

說明：龍泉窯為宋代六大窯系之一，為南方著名的青瓷窯口，極盛於南宋，元明時亦保持了較高的燒造水準。以燒造生
　　　活實用器為主，文房香盤較為少見。
　　　香盤為文人雅士書房焚香之器具。此香盤作長方形，唇口折沿，四方斜壁，圈足，器形規整。通體施翠青釉，盤
　　　心刻花折枝牡丹紋，紋飾清新雅麗，堪為文房清玩。

MING DYNASTY　A 'LONGQUAN' CELADON-GLAZED TRAY WITH PEONY PATTERN

高：2.3cm　長：20.6cm　寬：9.1cm
RMB: 30,000－50,000

唐 - 五代 越窯秘色香盒及鞏縣窯白釉香盒一組兩件

說明：香盒，是用於盛裝焚香用的香料的小容器。過去的文人雅士，在讀書寫字、彈琴撫箏、品茗弈棋的時候，喜歡焚一爐香，以增添風雅的意趣。使用方式參閱長幹寺地宮出土香盒及香料。這兩件香盒均器形簡潔而優雅，釉面勻潤，釉色純正。一青一白，甚為雅玩。傳為日本著名古董商繭山龍泉堂舊藏，配木盒。

"秘色"一詞最早出自晚唐詩人周輝《清波雜誌》雲："越上秘色器，錢氏有國日，供奉之物，不得臣下用，故曰秘色"。過去一直把胎釉俱佳、釉色青翠的越窯稱為秘色。1987年陝西扶風縣青瓷器，在物帳上這批瓷器記載為"瓷秘色"，從而揭開了秘色瓷的神秘面紗。2016年慈溪上林湖後司嶴窯址成功發掘出土了大量的與法門寺地宮秘色瓷相同的越窯瓷片、殘器，從而明確了秘色瓷的燒造地點。

TANG DYNASTY-FIVE DYNASTIES   AN OLIVE-GREEN GLAZED INCENSE CASE, FROM YUE KILN AND A WHITE-GLAZED INCENSE CASE, FROM GONGXIAN KILN

1. 高：3.4cm   口徑：9.4cm
2. 高：4cm   口徑：6.7cm
數量：2
RMB: 80,000－120,000

參閱：長乾寺地宮出土香盒及香料

長乾寺地宮出土香盒及香料

1181

明·紫檀雕龍紋小几

說明：案頭几歷來爲文人雅士所愛之物，其功用頗多，或可架書，或爲放置香爐供器等，也可起到隔斷
　　　空間之效。此几以紫檀製成，細密牛毛紋滿布，質地堅硬；色褐凝重，不靜不喧；造型簡練，牙
　　　板及兩側均透雕夔龍紋，線條流暢，與桌面繁素呼應，相得益彰，透出一種靜謐的美，文人氣息
　　　內蘊。

MING DYNASTY　A SMALL ZITAN STAND WITH DRAGON PATTERN

高：8.5cm　長：31.2cm　寬：15.8cm

RMB: 30,000－50,000

1182

清早期 · 黃花梨嵌雲石小翹頭案

說明：通體黃花梨材質，面芯鑲嵌雲石，案面兩端嵌入小翹頭。腿足間絛環板透雕螭龍紋，足端外撇，雅
致可觀。此件小案雖非大器，但榫卯結構考究，仿照明式做法，常作放置古玩或者小型盆景之用。

EARLY QING DYNASTY   A STONE-INLAID HUANGHUALI STAND

高：13.2cm   長：31cm   寬：13.1cm

RMB: 50,000－80,000

1183

清乾隆·紫檀雕纏枝花卉八寶紋十二條圍屏

說明：清乾隆紫檀雕花卉雲蝠紋十二條屏，每六扇成一堂，以銅套鉤鈕連接。每扇條屏上方刻有一、二、三等數字。圍屏皆為五抹式，
上下分為三部分。上部條環板雙面浮雕纏枝寶相花，其纏枝規整，為清早期常見式樣。中部屏心處，一般嵌裝書畫屏條。在左右
盡端兩扇隔心不同，外側兩扇增加立柱將屏心一分為二，栽入橫棖兩根，鑲條環板三環，正面開窗纏枝寶相花，背面以癭木板
稱底。下部三抹，上條環板拐子龍紋中生寶相花，中部裙板尤為特殊，每扇一面八寶紋，一面五福捧壽。五福捧壽始於康熙年間，
而此件圍屏上所雕蝠紋，蝠之翼的雕工都尤為精細，應出於清早期工匠之手。而下端亮腳所雕垂雲紋式牙板也為清代常見式樣。
此件圍屏不似陳設於廳堂屏風高度，常置於內室，隔離空間，點綴佈景。

QIANLONG PERIOD, QING DYNASTY   A SET OF TWELVE ZITAN SCREENS WITH FLORAL AND EIGHT-
INSTRUMENT PATTERNS

高：113.5cm　每扇寬：28.5cm　數量：12
RMB: 800,000－1,200,000

正面一

正面二

背面一

背面二

1184

清・顧鐵符舊藏紅木拐子紋太師椅

說明：清代把屏背式扶手椅稱為太師椅，通常形體較大，用作設於廳堂的正式扶手椅。
　　此套太師椅精選紅木製成，如意狀搭腦，背板攢框鑲絛板，鏟地浮雕絞紋拱璧紋，牙
　　板淺浮雕拱璧拉線紋。其設計穩重大方，古拙和諧，木質堅密，敦實厚重，呈典雅之
　　氣派。

QING DYNASTY　AN ARCHAISTIC MAHOGANY ARMCHAIR

Provenance: Previously collected by Gu Tiefu.

高：84.3cm　長：95.8cm　寬：95.8cm

RMB: 60,000－80,000

來源：顧鐵符先生舊藏。

藏者簡介：顧鐵符（1908～1990），江蘇無錫人。曾任安徽和縣中學教師。中山大學研究院
　　　　技佐、文學院講師。建國後，歷任中山大學文院圖書館分館主任，故宮博物院工
　　　　藝美術史部副主任；副研究員、研究員，中國考古學會理事。

顧鐵符

正面

1185

清‧張鈞、李國瑜題雲石插屏

銘文：正面：白雲在望。在天無意從龍去，出岫還思伴鶴歸。匪石此心終不轉，相看不厭列斜暉。李一庵題。

背面：拔地凌雲插石劍，擎天承露金莖。奇峰排列分高下，疑是神功一削成。右衡張鈞。

QING DYNASTY　A STONE-INLAID MAHOGANY TABLE SCREEN INSCRIBED BY ZHANG JUN AND LI GUOYU

帶座高：58.8cm　長：51.4cm　寬：23.4cm

RMB: 80,000－120,000

銘者簡介：1. 張鈞〔清〕，字平圃，號寫樵，儀昌諸生。善刻印，有繫古齋印存。

2. 李國瑜，字一庵。四川成都人。歷任華西大學、四川師範學院、西南民族學院副教授、教授。著有《清詩》、《清代詩史》等。李一庵曾為民國著名藏石家張輪遠先生《萬石齋靈岩大理石齋譜》作序，與民國藏石界交往甚密。

1186

清·紅木羅鍋根花几一對

說明：花幾又稱花架或者花台，俗稱高花几。此對花几裝飾簡潔，造型娟
　　秀，放置室內甚覺雅趣。

QING DYNASTY A PAIR OF MAHOGANY FLOWER
STANDS

高：107.5cm　長：66.5cm　寬：50.2cm

數量：2

RMB: 30,000－50,000